JN231716

SELF-RETREAT

自分と丁寧に向き合う
週末セルフリトリート

日常から離れて心と体をリセットする31のワーク

長谷川エレナ朋美
TOMOMI ELENA HASEGAWA

大和書房

はじめに
華やかさの裏のストレスフルな毎日

この本を手に取ってくださり、ありがとうございます！
美LIFEクリエイターの長谷川エレナ朋美です。

　私は18年間の東京生活を終え、２年前に神奈川県の葉山という海辺の街に移住し、現在はパートナーと犬４匹と暮らしながら、執筆活動や全国での講演会、自分と向き合う学校「ビューティーライフアカデミー」の全国展開、オーガニックライフスタイルを提案するオンラインショップの運営をしています。

　10代から「自分のやりたいこと」に忠実に、自由な生き方をしてきました。20歳のとき、ロンドンへの一人旅をきっかけに海外が大好きになり、これまで30ヵ国以上、150回以上のフライトをしてきました。
　20代の頃は、夢だったワークスタイルとライフスタイルを実現し、仕事に遊びに全力で、とても忙しい日々を過ごしていました。
　30歳になって（現在は37歳）、10年連れ添ったパートナー（夫）を突然事故で亡くすという人生で最大の転機を迎え、ワークスタイルとライフスタイルが一変。
　30代前半は、過去最高に悩んだ時期であると同時に、過去最大に成長した時期でもあります。 これまでの人生で、忙しさのピークを迎えました。

　私は、愛する夫を亡くした寂しさを埋めるため、そして夫との共通の夢を叶え、二人の大切なものを守るために、休む時間もなく仕事をしました。
　仕事と言っても、私の場合、人に指図されたものではなく、お金のためでもなく、いろんな方法で人に"大切なことを伝えること"です。それは、自分が心からやりたくて、お金をもらわなくてもずっとやり続けたいことでした。

この仕事をしていると、たくさんの人の笑顔に出会え、誰かの人生のお役に立てていると実感します。このときの私は、仕事を通して自分の居場所を確保していたように思います。

　そんなふうに過ごしていた30代前半は、人との出会いや仕事のチャンスが面白いように広がって、次々に自己実現をしていきました。その過程は、まさに亡き夫と一緒に夢を叶えている感覚でした。

　しかしそのときの私は、つねに疲労を感じていたのです。
　仕事は楽しいし、充実した毎日を送っているつもりが、それとは裏腹にこんなことがありました。

・つねに余裕がない
・つねにやることや時間に追われている
・つねに疲れている、または眠い
・疲労をカバーするために頻繁にマッサージに通う
・スケジュール帳がびっしりで、それを見て疲れる
・つねに自分を奮い立たせようとしている
・イラッとすることが多い
・イライラをカバーするためにヨガやヒーリングに忙しい
・立ち止まってはいけないという強迫観念に駆られている
・つねに人を喜ばせようと思って自分が疲労している

　外から見た華やかで充実したライフスタイルと、これらの内なるギャップに苦しんでいました（ただし、こんな時期も人生で必要なプロセスであり、このときがあるから今があると思っているので、今から考えるとすべては愛しい自分の過去です）。

　私と同じ状況ではないにしても、こうした感覚に駆られている方はとても多いのではないでしょうか？
　とくに、まじめで、何事も一生懸命に頑張る人ほど、こうした状況を招きやすいと思います。

現代社会では、昔と比べていろんなことが便利になり、仕事のやり方や暮らし方、生活全般においてさまざまな選択肢が増えました。

しかし、自分をしっかり持っていないと、この便利さと引き換えに、あふれるモノや情報に溺れて、ストレスフルで、生きるのがつらくなってしまいます。

たとえば、こんなことが起こります。

- ・自分の持っているものと、人の持っているものを比べて疲れる
- ・何かを買ってもすぐに新しいものが出て、ずっと追いかけ、満たされない
- ・次々にアップデートされる電子機器についていけないストレス
- ・趣味が増えすぎて、忙しく、体が休まらない
- ・SNSを見る癖がやめられず、疲労とストレス
- ・誰とでもすぐに連絡がとれるので、つねに予定が埋まってしまう
- ・ラインが鳴り止まないストレス
- ・魅力的な便利グッズが家にあふれ、空間が圧迫されている
- ・休みの日も旅行に出かけ、結局疲れる
- ・ヨガやワークアウトに行かなければいけないストレス
- ・食べたいものがありすぎて痩せられないストレス
- ・自己啓発に忙しく、気づいたらそれ自体がストレス

これらに一つでも当てはまる方は、ぜひ「週末セルフリトリート」をしてみてください。

今あなたに必要なことは、新しい勉強を始めることや、自分を高めてくれる誰かに会うことではなく、誰とも会わずに、一人で自分自身の整理をすることです。

まずは週末2日間、予定を入れずに時間と空間を確保し、休養しながら自分と向き合うことです。この本は、そんなあなたをアシストします！

さぁ、次のページからは「セルフリトリート」とはどんなモノなのか説明していきますね。

Contents

MENU 1
#PHYSICAL
体を整える14のワーク

MENU 2
#MIND
思考を整理する 3 つのワーク

MENU 3
#TIME
スケジュールを整理する 3 つのワーク

What is a SELF-RETREAT?

セルフリトリートとは

———

　ヨガや瞑想、ファスティングなどの流行りが定番化しつつある近年、"リトリート"という言葉を目にしたことがあるかもしれません。

　一般の方にはまだ馴染みが薄いこの言葉。リトリート（retreat）を日本語に直訳すると「避難、退去、隠居」などですが、意味合いとしては、日常を離れ、自分を見つめ、休養やリフレッシュをすることです。

　ヨガのリトリートを例にあげると、数日〜数週間スケジュールを空けて、自然が豊かな地に出かけ、同じ目的の仲間たちとヨガなどを取り入れた健康的なライフスタイルを送り、リラックスした状態で自分の体と心を見つめる……そんな非日常的な体験です。

　この本では、この"リトリート"を週末に一人で行う手順を示しています。私は、この一人で行うリトリートを「セルフリトリート」と命名しました。

　一般的なリトリートは、十分なお休みを取ってどこかに出かけるので、時間もお金も要しますが、セルフリトリートは週末2日間、家で行うことができます。

　もちろん、もっと時間を取って、どこか遠くに出かけたら、なお効果的ですが、それをしようとすると、いつできるかわからないのが現実ですよね？「お金がない」「時間がない」「長い休みを取れない」、でも「自分を変えたい！」「新しい自分になりたい！」「人生をリセットしたい！」という方は、ぜひどこかで週末2日を確保し、セルフリトリートを行いましょう！

　セルフリトリートをすると、慌ただしく過ぎ去っていく日々から一度立ち止まって、これまでを振り返り、未来をプランニングすることができます。

　あなたの心、体、あなたを取り巻く環境、それぞれのフィールドで「自分と向き合うワーク」を行っていくのです。

「リトリート」とは？

日常を離れ、自分を見つめ、
休養やリフレッシュをすること

「セルフリトリート」とは？

週末２日間、一人、
自宅で行う「リトリート」のこと

「お金がない」「時間がない」「長い休みが取れない」
でも
「自分を変えたい」「新しい自分になりたい」
「人生をリセットしたい」

というあなたへ

心・体・環境
それぞれのフィールドで「自分と向き合う」ワーク
||
セルフリトリート

7 Effects

セルフリトリートの7つの効果

———

ここでは、セルフリトリートを行うことによってどんな効果が得られるのかをご説明しましょう。

1. 自分の棚おろしができ、心と体が身軽になる

あなたを取り巻く環境や、あなたの心と体の整理整頓を行い、いらないものを手放すことによって、自分の中にスペースができます。

すると、心も体も身軽になって、やる気やパワーが湧いてきます。

2. 優先順位が明確になり、生きる活力が増す

自分の中がシンプルになると、何が大切で何が不要かが明確になります。

本当に大切なものを知って、それをもとに行動することは、生きる原動力となります。すると、毎日の生活にハリが生まれます。

3. 日々のパフォーマンスが上がり、効率的に動けるようになる

自分の中がシンプルになると、集中力が格段にアップします。無駄なことにエネルギーを使わなくなるので、小さな力で大きな結果を生むことができるようになります。

4. 自分のことがよくわかるようになり、軸が定まる

セルフリトリートを通して自分と向き合うワークをたくさんすると、そのときどきの自分の心と体が欲するものが自然とわかるようになり、迷うことがなくなります。

5. 深いリラックスと、リフレッシュができる

週末2日間、スケジュールの断捨離®をすることにより、日々の喧騒から離れることができ、思考がリセットされます。より直感が冴え、アイデアが湧いてくるようになるでしょう。

6. 健康になり、そして美しくなる

深い休養をとることでストレスが軽減し、体のコリだけでなく心のコリもスッキリします。すると表情も柔らかくなり、充実感が見た目にも表れるでしょう。

7. つねに愛と感謝にあふれ、
チャンスを引き寄せやすくなる

くり返し行うと、なりたい自分に近づいていき、自信がついてきます。自信をつけて気持ちがオープンな状態でいると、小さなチャンスもキャッチできるようになります。

また、小さなことにも愛と感謝を感じられるようになります。

そんな状態でいると、さらにチャンスを引き寄せるようになるでしょう。

Preparation

セルフリトリートを始める前に

———

いよいよセルフリトリートを行うための準備に入りましょう！

いきなり行うよりも、きちんと準備をすることで効率的に、かつ集中力の高い状態で行えて、結果にもつながりやすくなります。

準備には3つのステップがあります。

STEP 1. 目的の明確化

セルフリトリートを行う前に、P,12の内容を書き出しておきましょう！

セルフリトリートはくり返し行うとより効果的なので、取り組む前に必ずこの内容をノートなどに書き出しましょう。

STEP 2. 自分だけのプログラムを作る

海外旅行に組み込まれているヨガのリトリートをイメージすると、わかりやすいと思います。

事前に休みを確保し、宿や交通の手配をして、体調を整えておきます。

多くの場合、1日のスケジュールがプログラミングされています。

たとえば、朝起きて瞑想とヨガをし、朝食はたくさんのフルーツをいただきます。

午前中は鍼やマッサージを行い、午後は水辺もしくは森にこもり、座学の勉強や読書をします。

夕方になると、また瞑想とヨガをして、夜はベジタリアンの食事を参加

者と顔を合わせていただきながら、その日1日の気づきをシェアし合う、というように。

　このようなプランニングを1週間くらい前に行いましょう。

　事前に2日間の流れややることを決めておくことで、気持ちの準備ができ、週末に向けてモチベーションも高まります。

STEP 3. 体調を整えておく

　セルフリトリートで大切なのは、短期間で大きな効果を生むこと。期間中に体調が優れないと、集中して取り組むことができません。

　体調を整えるために、セルフリトリートの数日前からスケジュールに余裕を持たせ、食事や運動、睡眠などで健康的な生活をしておくと、週末の2日間で驚くほどの効果が出ます。

　また、セルフリトリート前夜は、絶対に予定を入れないでください。必ず自宅でゆったり過ごし、翌日に備えて、遅くとも0時までには就寝しましょう。

[STEP 1　目的の明確化]

1. セルフリトリートを行う日程

　　　　月　　　日〜　　　月　　　日（　　　日間）

2. あなたがセルフリトリートを行う目的は何ですか？

Ex）余裕がない生活から抜け出すため心身ともに健康になりたい。自分自身の棚おろしをしてみたい。人間関係を整理したい。etc.

3. セルフリトリートで特に重点を置きたいことは何ですか？

Ex）自分の心と向き合う。ダイエット。家の片付け。すべての分野で不要なものを手放したい。etc.

4. セルフリトリートを通して手放したいことは何ですか？

Ex）余分なお肉。焦る気持ち。自分の中の迷い。パートナーとの関係。etc.

5. セルフリトリートを終えた後、どうなっていたいですか？

Ex）イキイキして毎日を最大限楽しみたい！　今より5kg痩せて好きな服を着たい。自分に自信を持って堂々と人と付き合いたい。etc.

Planning
プログラムの作り方

―――――

　どんなメニューがあるか、大まかなイメージを持つために、本書の目次に目を通してみてください。

　その中から興味がある項目をいくつかピックアップして、週末のセルフリトリートメニューを考えていきます。

　朝から晩までやらなければいけないわけではありません。あなたが心地いいと思うことや、ワクワクすることをしながら、その間にセルフリトリートのメニューをちりばめていくのです。ただし一人で行えるものに限ります。

　もしも週末の2日のみならず、3日以上できるという方は、さらにメニューを組み合わせることもできます。

　ただし、初心者の方がいきなり3日以上行うのはおすすめしません。初心者の方は、やること自体が目的やゴールになり、ただこなすという感じになりがちだからです。

　大切なのは、一つひとつのメニューを、丁寧に心を込めて、そのときどきの感情を味わいながら行うことです。

　「もうちょっとしたいな」と思うくらいで最初は止めておいたほうがいいでしょう。「まだあるの？」と思いながら取り組むのは楽しくないので逆効果です。

　セルフリトリートは、最低月に1回、どこかの週末を使って行ってほしいと思います。2日間これらに取り組むだけで、驚くほど心と体の変化を感じることができるでしょう！

　セルフリトリートを行うことは、自分と丁寧に向き合うこと。

この本は、読んで終わりではなく、ずっとあなたに寄り添うパーソナルトレーナーのように、あなたを永久に導く本となります。日々の雑事から離れ、自分の心と体を見つめ、欲しい未来を実現させるためのステップなのです。

毎日取り組んでほしいメニュー

MENU 1　#PHYSICAL 体を整える

　ここに書かれていることは、初心者も上級者も、毎回のセルフリトリートに必ず取り入れてほしいと思います。必ず事前にこの内容をすべて読んでおいてください。
　思考は、体がうまく機能していないと本領を発揮できません。体の状態が整えば、自然と心の状態も整い、思考もクリアになります。

初心者必須メニュー

WORK 15　価値観を明確にする

　自分にとって大切なもの（価値観）を明確にすると、何が必要で何が必要ではないかが見えやすくなります。
　大切なものにフォーカスできると、原動力やモチベーションとなり、行動がよりパワフルになります。すると、自分が大切にしたいものをより大切にできるようになり、自分への信頼が高まり、充実感も増すでしょう。

[STEP 2　プログラムを作る]

２日間のテーマ

DAY 1のテーマ

[DAY 1のMENU]

＊必須① 　WORK

＊必須② 　WORK

できれば③ 　WORK

DAY 2のテーマ

[DAY 2のMENU]

＊必須① 　WORK

＊必須② 　WORK

できれば③ 　WORK

セルフリトリートを終えての感想や気づき

Recommend

セルフリトリート初心者に
おすすめのプログラム

———

　セルフリトリート初心者におすすめする2日間のプログラムを一例ご紹介しましょう。

　イメージを掴むために、シチュエーションを想像しながら読み進めてみてください。

　どんな分野においても、イメージはとても大切です。イメージが掴めるものは実現します。

　旦那さんやお子さんがいる、家族と同居しているという方は、「2日間も一人の時間が取れない……」となるでしょう。その場合、半日でもいいのできちんと時間をとって、必須メニューには必ず取り組んでください。

　それ以外の時間は、家族の世話や家事などを行うかもしれませんが、いつもよりゆったりとスケジュールを組むこと。家族には事前にきちんと「この期間の意味」「この期間に自分が行うことの意味」などを説明しておいてください。

　「この本にそう書いてあるから……」という他人事の説明ではなく、「私は自分のために、こういう時間が取りたいから」そして「こんな私になりたいから！」ときちんと主体的に伝えてくださいね。

　ただそうは言っても、一番おすすめなのは家族に宣言して、2日間家事のお休みをもらい、一人どこかのホテルにこもったり、一人旅に出かけたりするのがいいでしょう。

　こう言うと、「でも……」「だって……」「……だから」という声も聞こ

えてきそうですが、これはあなた自身のためです。家族を説得し、協力してもらってでも行う価値が絶対にあります。

　あなたがあなた自身でいて、いつも楽しそうにしていると、家族やまわりにいる人もハッピーになります。

　あなたに、エネルギー的にも時間的にも余裕ができると、まわりに対して優しく丁寧に接することができ、素晴らしい人間関係を築いていけるでしょう。

　もしも今「私は何もできないし、自信もないし、素敵になるなんて無理……」という方は、あなたが悪いのではありません。

　あなたは今、余裕がないだけです。

　余裕がなくなると、人はどんどん本来の自分を発揮できなくなります。

　そんなあなたに必要なのは、「自分と向き合うこと」です。

　だから、このセルフリトリートをなんとしてでも行ってほしいのです。

　くり返しお伝えしますが、これは"あなた自身のため"です。

Day 1

1日目

6:00 起床 → 舌磨き・歯磨き・洗顔 → 白湯を飲んでから瞑想 (P.150) → 軽いストレッチ (P.27)

7:00 リビングの簡単な掃除や片付けをしてマインドもスッキリ

> 部屋の片付けもぜひ取り組んでほしいメニューです！

　　　　→ 2日間のスケジュールをチェックしながら自分ミーティング (P.94)
　　　　→フルーツなど軽めの朝ごはんをゆっくり食べる

8:00 【Work 15：価値観を明確にする】

> 初心者必須メニュー
> 1日目に取り組んでほしい必須メニューです

10:00 軽いストレッチ (P.27) ＆エクササイズ (P.35) → 部屋の片付け

> 頭を使った後は体を使うというように頭と体を交互に使うと切り替えになって◎

11:00 【Work 16：マインドマップを書く】

> あなたがやりたいメニューを選びましょう

13:00 息抜きも兼ねて、散歩がてら近所にオープンしたばかりのオーガニックカフェ
でランチ

14:00 カフェでそのまま読書タイム

> 読書以外にも自分がワクワクすることやリラックスできることをちりばめましょう

15:00 スタバに場所を移して、
【Work 18：時間のマトリクスを作る】

> あなたがやりたいメニューを選びましょう

17:00 帰宅後、瞑想 (P.150) ＆ストレッチ (P.27) → 少し休憩

18:00 夕食を作ってみる。クックパッドでレシピを見ながら新たなメニューに挑戦！
体が喜ぶお野菜たっぷりの温かい食事（買い出しが必要な場合は、カフェから
の帰宅中にスーパーに寄ってくる）

19:00 感謝しながらゆっくり夕食をいただく

20:00 食後のお茶を飲みながらリラックスできることをする →楽しく夕食の片付け

21:00 ゆっくりバスタイム (P.53)

22:00 お風呂上りにオイルマッサージ (P.58) やお顔のパック
→ キャンドルを焚いて、ヒーリング音楽を流しながら軽くストレッチ＆ヨガ (P.27)

23:00 就寝

Day 2

2日目

6:00 起床 → 舌磨き・歯磨き・洗顔 → 白湯を飲んでから瞑想 (P.150) → 軽いストレッチ (P.27)

7:00 家の簡単な掃除や片付けをしてマインドもスッキリ
→ 2日間のスケジュールをチェックしながら自分ミーティング (P.94)
→ フルーツなど軽めの朝ごはんをゆっくり食べる

ここまでは1日目と同じルーティンワーク

8:00 【Work 19：1週間の行動を把握する】　あなたがやりたいメニューを選びましょう

10:00 軽いストレッチ (P.27) & エクササイズ (P.35) → 部屋の片付け

11:00 【Work 20：スケジュールの断捨離®をする】　あなたがやりたいメニューを選びましょう

13:00 自宅でランチを作って食べる

14:00 自分が一番ワクワクして、自分ミーティング (P.94) にピッタリな場所へおしゃれをして出かける (ホテルのラウンジやお気に入りのカフェなど)

15:00 【Work 21：自分の人間相関図を作ろう】　あなたがやりたいメニューを選びましょう

17:00 行ってみたかったヨガスタジオへ

18:30 マッサージへ

19:30 併設しているカフェで、体に優しいメニューをディナーとしていただきながら、この2日間で感じたことや気づいたこと、自分の変化を振り返る

21:00 帰宅し、ゆっくりバスタイム (P.53)

22:00 お風呂上りにオイルマッサージ (P.58) やお顔のパック
→ キャンドルを焚いて、ヒーリング音楽を流しながら軽くストレッチ & ヨガ (P.27)

23:00 就寝

※これはあくまで一例で、この通りにしないといけないワケではありません。

— — —

#PHYSICAL

体を整える14のワーク

やりたいことをやるにも、なりたい自分になるにも、
まず必要なのはエネルギーあふれる心と体。
健康は、最大の資源となり土台となる。

#breath

呼吸

　心と体を整えるには、「呼吸」からスタートしましょう。

　呼吸は、自律神経を整える一番簡単な方法です。

　体には、自律神経という自分の意思ではコントロールできない神経があります。自律神経が行っている仕事というと、心臓を動かしたり、消化液を出したり、汗をかいたり、体温を調節したり……これらは自分でどうにかしようと思ってもできませんよね。

　自律神経には、大きく分けて2つの神経があります。交感神経と副交感神経です。

　交感神経とは、活動の神経で「闘争と逃走」の神経とも言われます。仕事を頑張っているとき、運動をしているとき、ストレスを抱えているときなども優位になります。

　対して副交感神経とは、リラックスの神経。解放されてゆったりしているとき、美味しいものを食べて至福を味わっているとき、大好きな人と楽しく過ごしているときなどに優位になる神経です。

　通常、この2つの神経は交互に働いていますが、どちらか一方の神経に偏っていると、体はバランスを崩してしまいます。これが自律神経失調症と言われる症状です。

　体がずっと緊張状態だと、交感神経が働きすぎて、血管が収縮し、血流が悪くなったり呼吸が浅くなったりします。逆に、ずっと体や神経が緩みすぎていると、副交感神経がずっと働くので、動くのが面倒になったり、頭がぼーっとしたりしてしまいます。

　人生において、刺激とリラックスはどちらもあったほうがバランスがいいのと同じで、体にとっても両方の自律神経を刺激することが大切です。

　とくに現代人は「交感神経優位」の方がとても多いのです。

　つねにやることに追われ、頭が忙しい状態だと、どうしても交感神経に傾きがちです。

　何かに没頭しているときや、忙しく動き回っているとき、鼓動や呼吸が早くなったり、浅くなっているのを感じませんか？

　そんなときほど「呼吸」を丁寧にしてみましょう。

　とくに、吐く息をゆったりと。

　これだけでも、心と体がクリアになっていくのを感じると思います。そのとき、あなたの自律神経は交感神経から副交感神経に傾いていきます。

　すると、その後の呼吸も自然と穏やかになり、血管が弛緩し、全身に酸素が運ばれるのを感じることができるでしょう。

　忙しくて疲れているときは、頭に酸素が行っていない状態なので、目の前のことに集中しようと思っても難しいです。

　そんなときは、いったん立ち止まり、丁寧に呼吸をしてみてくださいね。

　これは、日常的に1日の中で何回もしていただきたいことです。

　とくに、心や体が緊張状態にあると感じたときは、こまめに行ってくださいね。

　自律神経を味方につけると、1日や人生のパフォーマンスが上がりますよ。

[Work 1] 呼吸の整え方

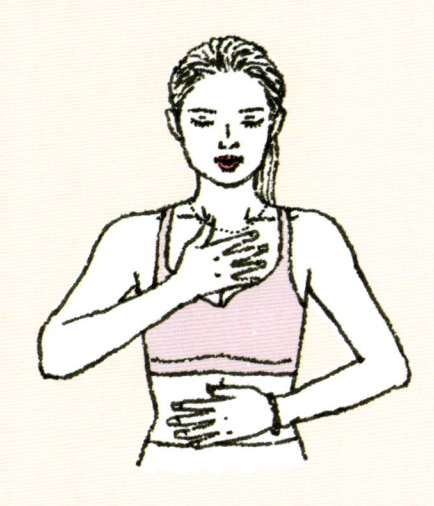

1. 目を閉じて、体の中にある空気を一度全部、口から細く長くゆったりと吐き出してみましょう。

> <u>Point!</u> 体の中の淀んだ空気やエネルギーが口からすべて出ていき、細胞がクリアになっていくのをイメージしてみましょう。いらない感情や体のこわばりも、吐く息とともに外へ出ていきます。

2. 全部吐き切ったら、今度はゆったりと鼻から新鮮な空気を入れてみましょう。1 でたくさん吐くと、その反動で勝手に空気が鼻から入ってきます。

> <u>Point!</u> 新しい空気が肺に取り入れられて、肺から血液に乗って全身の血管や臓器に活力となる新鮮なエネルギーが取り入れられていくイメージをしてみましょう。

＊**1〜2** を 3 回くり返します。

Column

デジタルデトックス

　現代は、スマホの普及で便利な世の中になりましたね。どこにいても世界中の友達やユーザーとリアルタイムでつながることができ、情報も一瞬で検索できます。

　私もスマホやSNSは生活にも仕事にも欠かせないものとなっています。ただ、同時にさまざまな弊害も目立ってきています。

　それは「依存症」です。

　１日中スマホを見ていて、目の前で起こっているリアルな日常に関心がなくなっている人を多く見かけます。

　SNS以外にも、ゲームやYouTubeばかり見ていたりすると、目や姿勢が悪くなり、そこから肩こりや眼精疲労につながります。便利なものこそ、使い方を間違うと大変なことになるのです。

　すべてにおいてそうですが、「○○がないと生きていけない」と思うのは、そのものに依存しているということです。

　もちろん依存が100%悪いわけではありません。赤ちゃんは、お母さんや大人がまわりにいないと生きていけませんが、それは当たり前のことです。

　大事なのは、自分が何に依存しているかを知ることです。

　あなたの自立心を高めるためにも、１日に数時間、週に1日でもいいので、デジタルを一切断ってみることをおすすめします。

　すると、どれだけ自分が依存していたかがわかります。また、それがない状態で過ごしたとき、自分がどんな気分なのかを味わえると、今ま

で気づかなかったことが目についたりします。

　私もやってみたことがありますが、スマホのブルーライトを見ないだけでも、肩こりや目の疲れがなく、いつもより顔色がよくなりました。やはり、集中して画面ばかり見ていると、肩や顔がこって血流が悪くなります。

　また、SNSに依存しすぎると、つねに他人の動向が気になり、自分と人を比べる癖がついてしまいます。

　「人にどう思われているか」を必要以上に考え始めると、途端に軸が不安定になり、心が乱されます。

　こうした他人軸で物事を考えるのではなく、つねに自分の価値観をもとに行動できると、気持ちは安定します。

　「ちょっとブレてるな……」というときこそ、SNSの断捨離®やデジタルデトックスが必要です。

　SNSは楽しんでできる範囲にとどめて、モヤっとした気持ちが湧いてきたら、デトックスを心がけましょう。

#stretch
#yoga
ストレッチ＆ヨガ

呼吸の次に日常的に必ず取り入れてほしいのは、ストレッチやヨガです。

ヨガというと、ポーズを覚えなければいけないとか、ヨガマットを用意しないといけないと思ってしまいますが、その必要はありません。

いつでもどこでも、体がこわばっていると感じるところを伸ばしてあげるようにしましょう。それでも立派なストレッチになります。

もちろん、ヨガのポーズを覚えたり、マットを敷いて取り組んだりする時間がある方は、ぜひやってみてください。

形や決まりにこだわるのではなく、無理なく楽しく取り組むことが大切です。気持ちよくないと、たいていのことは続けられません（ストイックが好きな方は別ですが）。

「継続する」ことが何よりも大切です。

あなたの中で「どうやったら継続できるか？」を考えてみましょう。

たとえば私だったら、立って行うストレッチやヨガよりも、布団の上に寝転んでできるストレッチは気持ちいいので毎日できます。

寝転がった状態で、体を四方八方に伸ばしてみて、効く〜！　という箇所を見つけ、そのポーズをしばらくキープします。そのとき、呼吸をしっかりと丁寧に行いましょう。

　体を伸ばした状態で呼吸をすると、呼吸をする度に緊張状態がほぐれて、緩んだ筋肉や細胞に新鮮な酸素やエネルギーが届きます。

　ストレッチした状態で行う呼吸は、体の内側からマッサージをしているようなものなのです。

　意識を体に向けて、自分の体のことを知ろうとするだけでも、体は少しずつあなたに応えてくれます。

　今までほとんど体に意識を向けることがなかった方の場合、体はちょっとやそっとでは応えてくれません。また、どこが凝っているのか、どこが使われていないのかもわからないかもしれません。

　毎日少しずつ根気よく体に意識を向けて、体のパーツひとつずつに語りかけるイメージをしてみましょう。

　普段しない体勢や動きを少しずつすることによって、どの体勢や動きが楽か、つらいかなどがわかるようになります。「ちょっとつらいかな」と思う体勢を見つけたら、ゆっくり伸ばしてあげて、丁寧に呼吸をしてみましょう。

　とくに、腕を上に上げて伸びる動きや、肩を外側に回すような動きは、現代の日常生活ではなかなかやらないので、意識的に1日何回かするといいでしょう。

　他には、体の側面を伸ばす動きも普段なかなかやりませんね。これは私が大好きでよくするストレッチです。

　これらを1日のうちに何度かくり返すと、体の隅々まで伸びて頭がスッキリします。私はこういったことを1日に何度もしているので、デスクワークが長い日でもコリ知らずです！

　とくに、首の頸椎から背骨を通り、仙骨までは、自律神経の束が通っているので、ここの通りをよくするだけでも、体の循環や代謝がよくなるのを感じると思います。

　体のこわばりは心のこわばり。

　丁寧に体をほぐすことによって、心にもゆとりを持つことができるでしょう。

[Work 2] 腕を上に上げて伸びる動き

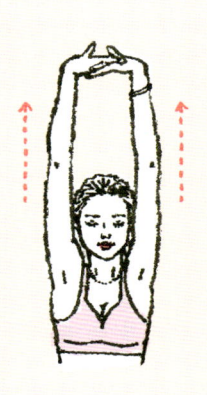

1. 両手を組んでひっくり返したら、息を吸いながら上に伸びます。

2. 息を吐きながら、腕を上げたまま肩や胸まわりの力を抜きます。

3. 組んだ手を下ろします。

＊**1**〜**3**を3回くり返す。

[Work 3] 肩を外側に回す動き

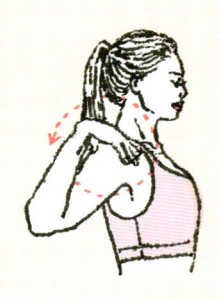

両手を肩にあて、手を置いた肩を軸にして、肘の先で大きな円を描きます。

＊5回回したら、反対回しも行います。

 Point! 呼吸は、吸いながら肘を前から上に上げて、吐きながら下ろします。肘を下ろすとき、背中が反りすぎないようにしっかりお腹に力を入れましょう。

[Work 4] 骨盤回し

足を腰幅に開いて、両手を骨盤にあてたら、体の軸を意識して、骨盤で大きな円を描くようにゆっくり回します。

＊1回回したら反対回しも行います。

 Point! 股関節やお尻の筋肉がしっかりストレッチされるように丁寧に回します。

Work 5 体の側面を伸ばすストレッチ

1. 両手を前で組み、それを外側にひっくり返し、グッと天井に向かって上げます。

2. そのまま肩の力を抜き、息を吐きながら、両手と上体を右側に倒します。

> Point! 左側の腕の付け根や体側が伸びているのを感じます。

3. 吸う呼吸で真ん中に戻ってきたら、今度は同じように左側に倒します。

> Point! 腰が反らないように、しっかりとお腹に力を入れてください。

Work 6 　肩甲骨を伸ばすストレッチ

1. 両手を前で組み、お腹に大きなボールを抱えるように腰を後ろに引いたら、息を吐きながら背中を弓なりに伸ばします。

2. 吸う息で元の姿勢に戻ってきたら、今度は両手を頭の後ろにまわして両腕を開きます。吐く息とともに骨盤を前に突き出し、肩甲骨を寄せて胸を開きます。

Point!　背骨一つひとつの隙間を埋めていくイメージです。

ヨガ八支則を応用して
幸せな人生を手に入れる

　10年ほど前から趣味でヨガをしていたのですが、3年前にヨガの学校にも通い、本格的にヨガの勉強をしました。

　7年前には、スリランカでアーユルヴェーダ*の学校に通っていたこともあります。ここでもヨガは出てきて、その考え方に強く感銘を受け、いつか勉強することになるだろう……と思っていましたが、どうやらそのときがきたのです。

*インドやスリランカ発祥の伝承医学であり、サンスクリット語で「生命科学」を意味し、「生きる知恵」を示しています。

　というのもじつは、私が普段セミナーや本でお伝えしていることは、ヨガ哲学そのものだったからです。

　アーユルヴェーダやヨガを勉強していくうちに、自分が大切にしていたことや伝えたかったことの、点と点が線でつながったような感覚でした。

　ここでは、「ヨガの八支則」の1番目と2番目に出てくる「ヤマ」と「ニヤマ」についてお伝えしたいと思います。

　ヨガをしたことがある方は、「アシュタンガ」という言葉を聞いたことがあるかもしれません。「アシュタンガ」とは、サンスクリット語で「八支則」を意味し、聖者パタンジャリが説いたヨガの聖典「ヨーガ・スートラ」の中に出てくるヨガ哲学の基本的な教えとなります。

　ヨガと言えば、呼吸とともにポーズをとることだと思う方が多いかもしれません。しかし、じつはポーズをとることはヨガ哲学の一部で、この「ヤマ」「ニヤマ」を実践できなければ、ポーズをとる地点ではないとも言われています。

　ヨガとは哲学そのものであり、「ヤマ」「ニヤマ」は本当の意味での豊かで

幸せな生き方の指針になると私は思います。私たちの心と体が健康で、かつ毎日を穏やかで幸せに過ごすために時代を問わず必要なことなので、ぜひ生活にも取り入れてみてください。

　以下、ヨガの八支則を私なりの解釈も交えて、お伝えしたいと思います。

1. ヤマ ～禁ずること～

・アヒムサ（非暴力）

　身体的暴力のみならず、言葉の暴力も含まれます。そして他人にだけでなく、自分自身へも同じくしてはいけません。

・サティヤ（嘘をつかないこと）

　人に対しても、自分に対しても正直で誠実であること。嘘はエネルギーを消費し、結局は他人のみならず自分自身への信用も失ってしまい、嘘をくり返して生きていると、生きていること自体がつらくなります。

・アスティヤ（不盗）

　人の時間・空間・立場を奪ってはいけない。自己中心的な考えや執着、エゴを捨てること。

・ブラフマチャリア（禁欲）

　もともとは性欲を断つことを意味していましたが、現代では利己的な欲を満たすことを避けるというような意味もあります。また、欲がまったくないのは成長もしないと思いますが、欲がありすぎるのは無駄なエネルギーを使って、結局は、本来大切なことに集中できなくなるのではないでしょうか。

・アパリグラハ（非所有）

　モノを持ちすぎないこと。モノを多く持つと、本当に大切なものが見えなくなるだけではなく、失うことへの恐れや執着が湧いてきます。中毒や依存も招きます。

2. ニヤマ ～進んで行うとよいこと～

・シャウチャー（清浄）

心身を清潔に保つこと。身だしなみを整えることは、人に不快感を与えないために必要です。また、心の清潔さとは、嫉妬や嫌悪などのネガティブな感情や思いを持ち続けないこと。ネガティブな感情を持つのは人間なので仕方ないと思いますが、自分ですぐに気づいて手放せるようにしましょう。

・サントーシャ（知足）

今あるものに感謝をすること。**感謝は、自分自身がより満たされ、幸せになる手段です。**

・タパス（苦行）

人生で起こる困難や問題を受け入れ、先に進む勇気を持つこと。困難や問題を受け入れるには、大きくて穏やかな優しい心を持つこと。ピンチは自分を成長させるチャンスでもあります。それをきちんと糧に変えられる自分になること。

・スワディヤーヤ（学習）

自分の心をよいほうに導いてくれる本を読んで、知識を得ること。その知識を知恵に変えていくことが大切。そのために日々、自分自身やまわりで起こることに意識的になり、学びを深めていきましょう。

・イシュワラプラニダーナ（神性への祈念）

信仰心を大切に、自分の中にある神聖なものを信じること。すべてのことに感謝と尊敬の心を忘れずに、献身的に生きること。自分ではどうしようもできないような自然のことなどは受け入れ、身をゆだねること。

ポーズをとることだけがヨガではないのをわかっていただけたかと思います。ここにあげた「ヨガ的生き方」を実践し、真の豊かさと幸せを感じてみましょう。

#exercise
エクササイズ

あなたは日常的に体を動かしていますか？

運動は、疲れにくい体や強いメンタルを作ります。

すぐに疲れる、肩が凝る、むくみやすい、便秘をする……などという方は、もしかしたら運動不足かもしれません。

運動は、心肺機能を高め、体内の循環も作ります。

運動をすることによって筋肉の収縮が起こると、筋肉がポンプとなり血液を全身に巡らせることができます。酸素や栄養素は、血液に乗って体の隅々に届けられますので、血液循環が悪いと必要なものが体の末端に届きません。

体の末端の臓器といえば「肌」です。肌には毛細血管がたくさんありますが、この毛細血管まで血液をきちんと届け、いらないものをまた血液やリンパに乗せて体の中心まで送り届け、排泄しましょう。

肌荒れやシミやくすみでお悩みの方も、せっせと薬や美容液を塗ったりエステに行く前に、普段から体を動かすことを意識して、それを積み重ねていくと、どんどん肌も綺麗になっていきますよ。

また運動をすることのメリットは、体だけではありません。

体を動かすことによって、思考をリセットすることもできます。

悩んでいるとき、頭をたくさん使っていますが、体を思い切り使っているときに悩むことって難しいですよね？

現代人は頭にエネルギーが上りすぎているので、それを足元に下ろしていくことが必要です。それをヨガではグラウンディングと言って、「地に足をつけること」を意味します。運動によって、エネルギーをしっかり足元に下ろす感覚を味わうことができるでしょう。

ただ運動やエクササイズと言っても、「ジムに通いましょう！」という話ではなく、日常生活での動きをエクササイズの代わりにしていくのです。

たとえば、いつもなら車や電車に乗ってしまう距離もあえて歩いてみる、エレベーターではなく階段を使う、電車に乗っているとき、立ちの姿勢や座りの姿勢が続くならお腹に力を入れて、足の内側を引き締めて姿勢をキープしてみる……など。

ほんのひと工夫で日常がすべてエクササイズになります！

血液を送り出すのは、心臓がポンプの役目となりますが、歩くことで地面を踏んで蹴り出すことも、ポンプの役割となり、心臓の負担を軽減します。

運動不足の方は、心臓に負担がかかっています。その状態で年を重ねると心臓の病気になりやすくなります。

年を重ねても、いつまでも元気にたくさん歩ける体でいられるよう、今から意識を持ちましょう。

世間的にいい悪いと言われているものは、外側からの知識ですが、自分の体を使って体感し、イメージを膨らませることで、知識は知恵となり、本当の理解につながります。

頭だけでなく、心や体が理解したことは一生大事にできる習慣となります。腑に落ちるということは、まさにこのことなのです。

次に紹介するエクササイズは、回数が少なくてもいいので毎日行うのがおすすめ。すべて下半身のエクササイズですが、体の中で一番大きな筋肉は太ももなので、代謝を上げるなら下半身を鍛えるのが一番効率的です。

[Work 7] スクワット

1. 両足を腰幅より少し広めに開き、足先は少し外へ向け、両腕を前で組みます。

> Point! 頭が上から糸で吊るされているイメージで背筋をまっすぐ伸ばします。

2. 息を吸いながら、お尻を後ろに引いてイスに座るようなイメージで、5秒かけて屈伸し、下で2秒キープします。

> Point! 腰が反らないようにお腹にしっかり力を入れ、膝とつま先は同じ方向に。お尻は膝の高さまで下ろせばOK。膝はつま先より前に出ないようにしてください。

3. 息を吐きながら5秒で **1** の姿勢に戻ります。

> Note 慣れるまでは、鏡で形を確認しながら行いましょう。

＊1日10〜20回くり返します。

[Work 8] ランジ

1. 腕を組み、まっすぐ立ちます。

> Point! 腰が反らないようにお腹に力を入れます。頭が上から糸で吊るされていて、同時に脚の間からも糸が出ていて下にも引っ張られているイメージ。

2. 息を吸いながら、左右どちらかの脚をゆっくり大きく前に踏み出して屈伸します。

> Point! 上半身の姿勢は、固定してブレないように。前の膝は、かかとの上にくるくらいがちょうどいいです。後ろのかかとは床につけて、ふくらはぎに伸びを感じましょう。

3. 息を吐きながら、上半身がブレないように最初の位置に戻ります。

＊反対側も同じことを行い、1日に左右10〜20回ずつ行います。

[Work 9] プランク

肘をついて腕立ての姿勢を作ります。足と足の間は、拳一つ分〜腰幅に開きます。肩の真下に肘がくるようにして、肘の角度は90度くらいに。お腹を引き入れ、かかとから肩までが一直線になるようにして、1分間この姿勢をキープします。

Point! 呼吸をしっかりして、脚やお腹が落ちてこないように、お尻が上がりすぎないように注意します。慣れるまでは、できれば鏡で姿勢を確認してみましょう。鏡がない場合は、スマホを使ってセルフタイマーで撮影し、形を確認するのもいいと思います。

[Work 10] 寝ながら腹筋トレーニング

まっすぐ仰向けになり、両手をお腹にあてます。両足をそろえ、息を吐きながらゆっくりかかとを上げていきます。45度まで上げたら、地面すれすれの手前で静止して、ゆっくり呼吸をくり返し、1分間キープします。

Point! 床と腰の間に空間ができないようにしっかりお腹を床に向かって押し込むイメージで。足の角度は、腰と床に隙間ができない程度で。つらすぎると腰が反ってしまいお腹に力が入らなくなります。

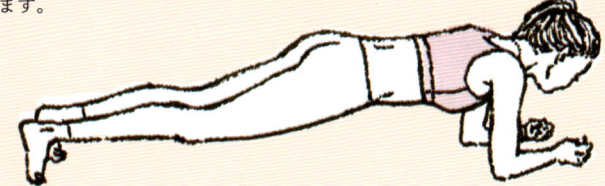

#meal
食事

食べたもので私たちの体は作られています。
体だけではなく、心の状態も食べたもので大きく変化します。
普段、自分の食べているものにどれだけ意識を向けていますか？

食事には、体を構成するのに必要なタンパク質や脂質、ミネラル、エネルギー源になる糖質（一部タンパク質や脂質もエネルギー源になる）などがありますが、他にも体の生理機能を調整するビタミンや、体のお掃除をしてくれる食物繊維、抗酸化をしてくれるフィトケミカルなどもあります。

これらをバランスよくさまざまな食材から摂ることがおすすめで、一概にこの食材がいいとか悪いとか言うことはできません。人によって個体差があり、同じ人でも体調や環境、季節、年齢によって合うものが変わっていくからです。

まずは、自分の体の状態を知ることから始めましょう。
遺伝的に持っている消化酵素などがわかるDNA検査はおすすめです。
でも、それよりも簡単で早くわかるのは、今、自分がどんなものを美味しいと感じ、どんなものを「ちょっと食べたくないな」と感じているのかです。
たとえば「焼肉が食べたい！」と思うときと、「焼肉を想像するとちょっと重たいな」と感じるときがありますね。「焼肉が食べたい！」と思うときは、消化が活発な状態で、「重たいな」と感じるときは胃腸が疲れていたりします。
また、甘いものをどうしても欲してしまうときもあれば、コーヒーが飲みたいと思うときもあるでしょう。甘いものを欲するときは、頭を使いすぎているか、運動で糖を消耗して低血糖になっているからかもしません。コーヒ

ーが飲みたいときは、刺激が欲しいときや集中力をつけたいとき、リフレッシュしたいときかもしれません。

このように、**欲する食べ物から自分が今どんな状態か、心と体のサインを知ることができます。**欲望のままに食すのではなく、自分の状態を知って、そこから理想の状態に近づくために、今何をするべきか考えましょう。

たとえば、嗜好品を欲するからとそれを食べるのではなく、「嗜好品を欲するということはストレスが溜まっているのかな？　疲れているのかな?」「だったら嗜好品を食べてそれをごまかすのではなく、週末はしっかり休もう！」などと考えます。

「食べたい」という欲求のサインから、自分の行動を考えるのです。

だからと言って、「嗜好品を一切食べるな」ということではありません。心を満たすために、たまに食べるのは構いません。ただ、「ストレスの逃げ道にするな」ということです。

実際、リラックスして心と体が満たされている状態のときは、あまり濃い味付けや刺激的な食事を好みません。自然のものをとても美味しく感じるでしょう。

体が疲れていると、感覚が鈍感になってしまい、味の濃いものや刺激物を欲してしまいます。

また、刺激物や嗜好品、そして精製された糖（白砂糖）は中毒性があり、切れるとまた欲しくなるという悪循環を招きます。

普段のあなたの食事の傾向はどうですか？
そこからどんなことがわかるでしょうか？

基本的な食の知識はなるべく早めに持っていたほうがいいでしょう。

食事は生きている限り一生続くものです。少し時間をかけて食の基礎知識を覚えたら、それは一生自分を守る財産になります。食事や体の仕組みを理解することは、自分で自分をケアすることにつながります。

[Work 11] あなたの食事の傾向を知りましょう

1. 普段よく食べているもの・食べたくなるものは何ですか？

  Ex）甘いものがすぐ食べたくなる。焼肉。パスタやパン。野菜。etc.

2. 1の答えを見て、自分が今どんな状態だと言えますか？　できれ
　　ばアクションプランも書いてみましょう。

  Ex）【どんな状態】ストレスが溜まっている。ある種の中毒症状のよう。ヘルシー志向。
     たんぱく質多めだな。野菜が足りてないな。etc.
   【アクションプラン】
   ・甘いものを止めようとするのではなく、ストレスと向き合うことをしよう。
   ・腸内環境が気になるので、焼肉のときはサラダをご飯がわりに食べよう。
   ・パスタやパンは1日1食のみにして、それ以外は野菜やたんぱく質、お米を食べよう。
   ・野菜が緑系のものばかりなので、にんじんやトマトも積極的に摂ろうと思う。食事
   　で摂れないときはコールドプレスジュースを買おう（なるべくにんじんやビーツの
   　ブレンド）。etc.

どんな状態

アクションプラン

「太らない７つの習慣」で
ダイエットのストレスと無縁に

　私は20代前半まで、さまざまなダイエット法をトライしていました。

　いろいろと試すものの、どれも長続きせず、つねに「太りたくない」ということばかりを気にして、ストレスを溜めていたような気がします。

　けれども、心と体の根本的な仕組みを勉強し、理解してからは、もう10年以上「ダイエットをしよう」と思ったことがありません。

「でも、太らない体質なんでしょ？」とよく言われますが、もともとの体質はそんなことはありません。私の両親はぽっちゃりしていますし、食べて動かないときはすぐに太ってしまいます。

　しかし今は、「太らない習慣」が身についたため、太ることがないのです。その習慣をご紹介します。

1. 満腹にしない、超空腹を作らない

　腹７分目を心がけ、目一杯食べることはありません。

　目一杯食べてしまうと、過剰な栄養素が脂肪に変わりやすいだけでなく、集中力が落ちて後に何もできなくなってしまいます。コース料理のときは、デザートを食べたいならパンは食べない、パスタやご飯は量を半分にしてもらうなど工夫しましょう。

「残したらもったいない」という発想を手放し、残すのでなく、最初から量を少なくした状態で出してもらうようにしています。

　また、お腹が減ってから次の食事を食べると吸収しやすいので、小腹が空いたときは、血糖値を一気に上げないようなおやつとしてナッツやドライフルーツなどを摂るようにしています。たんぱく質や食物繊維と一緒に糖分を摂るようにすると、血糖値が上がりにくく、太りにくいです。

2. 頭と体をこまめに動かす

やはり、痩せている人はつねに動いていて、太る人はあまり動かない傾向があります。動くというのは運動するという意味だけでなく、日常的にテキパキ物事をこなしたり、手を動かしたり、頭を使ったりすることです。家の掃除もエクササイズと思って取り組むと、家も綺麗になって一石二鳥です。

3. とくに下半身を冷やさない

痩せたい人は絶対に体を冷やしたらダメです。「痩せたい」と言いながら、寒いときに素足でいたり、入浴時、湯船に浸からなかったりするなんて、痩せることを放棄しているのと一緒。

体が冷えていては代謝が上がらないので、太りやすくなりますし、冷えている場所には脂肪がつきやすくなります。

とくに下腹部から足元までは1年を通して暖かくしましょう。家やオフィスにいるときは、夏でもレッグウォーマーをしてエアコンによる冷えを防ぎ、冷えを感じるときや生理のときは、腹巻やカイロをするなど、おしゃれを損なわない程度に上手に取り入れましょう。

ただ、一番いいのは運動で代謝を上げることなので、体の中でも一番大きな筋肉である太ももの筋肉を使う動き（P,37のスクワットやランジなど）を日常的にすると全身が温まります。

4. 裸を全身鏡で毎日見る

まず自分の現状を正確に把握することはとても大切です。やみくもに痩せようとするよりも、ポイントを決めて、「まずはウエストのくびれを作る」「二の腕をあと2センチ細くする」など目標を定めましょう。

美しい体のモデルさんを眺めることもいいですが、現実にも目を向けて、「これはいけない！」という恐怖モチベーションから、しっかりと美意識を持っていきましょう。

5. おしゃれをして外に出る場を、週に1日は作る

「見られている」という意識は、とてもいい刺激になります。

とくにいつもより露出してパーティーなどに出席する場合は、気持ちが引き締まりますよね。パーティーがなければ、友達とドレスアップして食事する機会を週に1度は作りましょう。デートでもいいと思います。

私は痩せたい箇所ほど敢えて露出をして、自分を戒めています。

6. 家にお菓子をストックしない

家にお菓子があると、ついつい食べてしまいますよね。それが習慣になると痩せられないだけでなく、食べた後の罪悪感はストレスにもなってしまいます。

太る原因になるものを、自分の身の回りから排除しましょう。嗜好品、アルコール、ストレスetc……もちろん絶対に摂ってはダメということでなく、常備することをやめて、ご褒美のようなものにするのです。

私は家にはフルーツやナッツを常備して、お菓子の代わりにしています。

7. 痩せようと思わない

ここまでさまざまな習慣について書いてきましたが、大事なのはストイックに考えすぎないことです。先ほども述べたように、太ることの最大の原因はストレスです。ストレスをうまくマネージメントしながら、上手に付き合っていけるといいですね。

ダイエットとは表面的なものでなく、セルフマネジメントのことです。自分のことをよく知っていて、モチベーションコントロールできる人は太りませんし、つねにポジティブで楽しく過ごせます。

「痩せよう」と思うより、「より健康になろう」とか、「心からキレイになろう」という意識を持って生活をしていけば、絶対に太ることはないでしょう。

健康と美が手に入る
「ローフード」とは

　ローフードとはその名の通り「Raw Food（生の食べ物）」のこと。

　野菜やフルーツなどを生で食べることで、植物の酵素や栄養素を効果的に摂り入れることが期待できます。

　ここでは、私が普段生活で取り入れている「ローフード」について、一般的な理論と、実際にどうやって生活に取り入れているかをご紹介します。

ローフードとは

　ローフードは、46〜48度以下で調理します。そのため食物の酵素を壊さないで体内に摂り入れることができます。

　私たちが持っている体内酵素には、「消化酵素」と「代謝酵素」があります。消化酵素は食べたものを消化するときに使われる酵素のことで、代謝酵素は体のさまざまな生理機能（血液を送る、毒素の排出、ホルモンの分泌etc.）に関わっています。

　私たちが持っている酵素を代謝酵素として使いたいところですが、現代の食事は消化に負担がかかるものが多いため、どうしても消化酵素として使われることが多くなってしまいます。

　すると、疲れやすくなったり、眠くなったり、体調不良を起こしやすくなったりするというわけです。みなさんも、食べ過ぎの日が続くとなんだか調子が出ないなんて経験はありませんか？

　そこで、ローフードの登場です。

　ローフードとは前述した通り、食物の酵素を壊さないで調理をするので、「食物が持っている酵素（食物酵素）」をそのまま体内に摂り入れることにな

ります。食物酵素は、自分で自分を消化する力があるので、私たちの消化酵素をあまり使わずに食事をすることができ、消化に負担がかかりません。

　たとえば、青いバナナを置いておくと熟して甘く柔らかくなるのは、バナナが持っている食物酵素の力によるものです。

ローフードの摂り入れ方

　では、どうすればローフードを摂り入れることができるでしょうか？

　ローフードの料理本などを見ると、なんだか手間がかかって難しそう……と思う方もいらっしゃるかもしれませんが、単純に「生のもの」を摂取すればいいのです。

　フルーツをそのまま食べるのはもちろん、野菜サラダや、ちょっとアレンジを加えたスムージーやコールドプレスジュースなどもローフードですね。

　ただし、厳密にいうと高速回転するミキサーやジューサーは熱を発するため、それによって酵素が多少壊れてしまいます。

　酵素を壊さない低速のものがおすすめですが、ストイックになりすぎると続かないため、最初はあまり気にせず、お手持ちのものを使って少しずつ続けることが大切だと思います。

ローフードの注意点

　ローフードのよさについてお伝えしてきましたが、一つ注意してほしいのは、人によっては体を冷やしてしまうケースがある、ということ。

　体温が高く、普段から代謝がいい方は問題ありませんが、低体温の方や寒いと感じるときに食べた方は、体をますます冷やしてしまいます。

　結果、代謝が落ちて、消化力が下がるため、普段から運動をして、代謝や体温を高く保っておくことが大切です。

　また、一緒にたくさんの食物繊維を摂るため、普段デトックスがうまくできていない方は、デトックスが突然始まるせいで、お腹がゆるくなることもあります。

私が考える、ローフードの効果と楽しみ方

　私は基本的に好きなものを好きなときに食べるようにしているため、すべての食事がローフードではありませんが、ローフードを食べる機会は多いほうだと思います。

　スムージーやコールドプレスジュースは、朝食代わりに真冬以外はほぼ毎日飲みます。季節のフルーツは間食の代わりに食べたり、友人を家に招いたときにデザートとして出したりすることも多いです。

　また、ホームパーティーではローフードのケータリングを頼んだり、ローフードをいただけるカフェにも行ったりします。

　とくにデトックスしたいときや、疲れを感じたとき、夏場などに意識して食べます。

　ローフードを取り入れることによって、びっくりするくらいお通じがよくなるなあと感じています。また、ローフードを多く取り入れているときは、肌の透明感が増す感覚があります。

　そして何といっても、消化に負担をかけないため、食後に眠くなることがほとんどありません。集中したい仕事の合間にはもってこいです。

　すると時間の使い方がうまくなり、仕事のパフォーマンスも上がるのでおすすめですよ。みなさんもローフードを普段の食事に取り入れてみてくださいね。

セルフリトリート中に
おすすめの食べ物＆控えたい食べ物

　セルフリトリート中は、心と体のデトックスをするため、消化に負担をかけず、栄養が豊富に摂れるものを食べるようにしましょう。

おすすめ

・野菜たっぷりサラダ（ただし、冬は体が冷えるので注意）

・コールドプレスジュースやスムージー

・スープ類（野菜やお豆、チキンなどを使ったもの）

・玄米（ただし、よく嚙んで食べること）

・味噌汁や発酵食品全般

・和食全般

なるべく控えたい

・嗜好品（お菓子、菓子パンなど）

・刺激物（極端に辛いものや塩っぱいもの、甘いもの、過度のアルコールなど）

・フレンチやイタリアンのコース料理、揚げ物、焼肉（ただし、野菜多めならOK）

　おすすめの食べ物は、セルフリトリート中でなくても毎日の食材にして、控えたい食べ物はなるべく日常でも控えると、よりセルフリトリートの効果が出やすくなり、その効果を持続させることができます。

　ただし、日常で食べるのはまったくダメというわけではなく、前後のスケジュールで調整したり、しっかり運動をして代謝を上げられればOKです。

#sleep
#rest

睡眠＆休養

　普段、質のいい睡眠はとれていますか？　１日の疲れを、次の日に持ち越していませんか？　朝起きたときに、「体がこわばっているな」「だるいな」「もっと寝ていたいな」と思う方は、睡眠や休養がしっかりとれていません。

　睡眠とは「６時間寝たから十分！」というものではなく、その時間しっかり熟睡できて、寝ている間に成長ホルモンが出たか？　が大切です。

　成長ホルモンとは、子供の頃には体を成長させるために必要なホルモンでしたが、私たち大人にとっては、体の機能や細胞を修復させるためのホルモンです。

　細胞は毎日作られては壊れていき、大人になるにつれて作られる量は減っていきますが、きちんと心や体のメンテナンスをすることで、今ある細胞を最大限活用していくことができます。

　MENU 1の内容を実践するだけで、細胞がイキイキして体が若返ったように感じると思います。

　健康な状態とは、病気にかかっていないという意味ではなく、つねにエネルギーに満ちあふれ、毎日を楽しく心地よく過ごせるということ。

　そんな状態のときは、物事をポジティブに捉えることができ、自分が好きになり、自信がついたり、さまざまなことにチャレンジしてみたくなったりと、いい連鎖が起こります。健康であることや、自分は健康だと感じられることは、大きな自信につながります。

　私は20代の頃、体にいいと思われることをたくさんしていましたが、そ

れはとても表面的でした。決められた時間でワークアウトをして、食事制限もして、毎日忙しくルーティーンワークをこなしていく……仕事や友人との遊びも楽しく、一見毎日は充実していましたが、じつは心や体の休養を後回しにしていて、たびたび頭痛がしたり、まったくやる気が起きない日もありました。

こういう状態のときは、睡眠の質も悪く、休養もとれていません。

週に一度は最低半日、心と体をゆっくり休める時間を取りましょう。

そして、できれば年に数回は、数日間、日常から離れてゆったりできる場所に旅行に出かけるのもいいでしょう。

1日忙しくしていたのなら、せめて寝る前の1時間は何もしないでゆったり自分の心や体を休めてあげること。寝る前の1時間の過ごし方で睡眠の質は大きく変わります。

寝る直前までスマホをいじっていると、睡眠中も脳が休まりません。キャンドルを灯してストレッチをしたり、温かいハーブティーを飲みながら穏やかな気持ちになれる本を読んだり、ペットやパートナーとじゃれあったりするといいでしょう。

仕事に家事に子育てにと、普段忙しくしている方は、たまには体を休めてあげないと、ずっとフル稼働のままでは体は悲鳴をあげます。

工場などにもメンテナンス日は必ずあるように、私たちの体も定期点検をしたり、普段からおかしいところがないかチェックしてあげないと、いざというときに「動かない！」ということになってしまいます。

しっかりと休養がとれていると、休養を終えたときに、これまでにない活力を感じることができるでしょう。バカンスから帰った後、やたらと仕事をやる気になったり、部屋をキレイにしたくなったり、「自分磨きを頑張ろう！」と思えたり……そんな経験はありませんか？

なんでもオンオフはとても大切です。

休む時間をもったいないと思わず、遅れてしまうのではないかと焦ることもせず、思考を切り替えて、休むときはしっかり休むと、その後新しい自分に出会えますよ。

［ Work 12 ］ 休む日をスケジュールに書こう

1. 今から1週間のうち、あなたが半日〜1日休む時間を決めて、手帳に書き込みましょう。

2. そこであなたがやりたいことは何ですか？　なるべく家の中でできることにして、手帳に書き込みましょう。

<u>Note</u>　なぜ家の中でできることがいいのかというと、外に出てしまうと、体や気持ちが休まらず、オンになってしまうからです。手帳に書ききれなかったら、1週間後にまた休む時間を決めて書き込みましょう。

Ex）・見たかったDVDを見る、読みたかった本を読む。
　　　・部屋を片付けて、ノートを開き、自分とゆっくり向き合う。
　　　・丁寧に料理をし、テーブルコーディネートをして食べる。
　　　・ペットと半日ひたすらゴロゴロする。etc.

Column

負のループから抜け出す方法

　調子がいいときは、自信がありモチベーションも高いので、やることなすことうまくいきますが、逆に調子が悪いときは、自信がなくモチベーションも低いので、いろんなことがうまくいかない……なんて経験はありませんか？

　では、負のループにはまってしまったとき、どうやって抜け出したらいいのでしょうか？

　まずは、今いる自分の位置を確認しましょう。
「いつからループにはまっているのかな」「今深みに入る少し前だな」などと自分の状況を客観的に分析します。すると、いったん冷静さを取り戻して、最善の判断ができるようになります。

　ループにはまっていることに気づかないと、負の状況になればなるほど焦るので、余計深みにはまって取り返しがつかなくなります。

　ケガの処置や事故での対応と一緒で、まずは落ち着いて現状分析をし、それに詳しい人や経験者に相談しましょう。相談するときは、冷静に自分の現状を伝えられないと、相手もどうしてあげたらいいのかわかりません。

　また、残業や飲み会で疲労や寝不足のループにはまってしまうと、その生活習慣をリセットするのは、とても難しくなります。

　そんなときこそ、この本のワークを試してみてください。

　断ち切れない習慣や、なあなあになってしまっている状況は、週末2日でもいいので、ある時期にガラッと環境や時間の使い方を変えないと変わりません。あてはまる方は、早速今週末にでもやってみましょう！

#bathtime

バスタイム

　1日の終わりに、その日の疲れを癒したり、体の不要なものを落とすために、毎日必ず入浴をしましょう。

　体が温まることによって、よい睡眠がとれて、血液循環が促され、健康増進につながります。

　とくに疲れているときは、好きなお塩に好きな精油を数滴垂らしてお風呂に入れてあげると、香りからも癒されます。

　精油は、経皮吸収されるので、オーガニックのものがおすすめです。皮膚からも精油の成分を体内の取り込むことができ、精油の効果も高まります。

　体をリフレッシュさせたいときは、お塩を多めにして、心と体を清めるイメージで。

　お風呂の照明が蛍光灯の方は、ぜひ暖かく柔らかいオレンジの光の電球に変えましょう。少し暗いくらいがちょうどいいです。

　キャンドルを並べるのもおすすめですよ。炎にはα波を誘発する1/fのゆらぎという自然が織りなす癒しのリズムがあり、眺めることによって、深いリラックス効果を得ることができます。

　私は、このバスタイムが大好きです。

　一人になってゆっくりとバスタブに浸かり、その日1日の出来事を振り返り、感謝をする時間にしています。

　イヤなことがあった日は、そのことを客観的にぼーっとイメージして、「どうしてそう思うのか？」「その感情や状況はどこからやってきたのか？」「改善するために今できることはどんなことがあるか？」なども、バスタブに浸かりながらゆったり考えます。

　一見、そのようなことを考えたらリラックスできないような気がしますが、その日のモヤモヤを抱えたまま次の日に持ち越してしまうと、一時的には忘れるかもしれませんが、潜在しているモヤモヤは形を変えてまたやってきます。モヤモヤが小さなうちに、なるべくその日のうちに感情を処理すると、よい眠りにつけ次の日に持ち越しません。

　私は、体のコリも、感情のコリも、その日にできたものは、その日のうちに取るようにしています。

　また、私はバスタイムを「お家エステタイム」とも捉えています。

　お気に入りのシャンプーやトリートメントを並べて、その日の気分でチョイスしたり、ときにヘッドスパやボディスクラブ、クレイパックなども自分でしています。

　こうしたセルフケアは、自分を丁寧に扱い、おもてなしをしているのと一緒。自分の心と体がとても喜び、内側からキレイになれますよ。

　バスタイムは1日をリセットする時間であり、その後の睡眠の質を高める時間でもあります。

　お風呂はカラスの行水のように、ささっと10分！　など早いことを自慢げに語るのではなく、ゆっくり自分と向き合う時間にあてるためにも、30分は時間をとりましょう。

　体を洗ったり、髪を洗ったりは毎日しなくてもいいことですが、入浴は季節問わずに毎日してほしいものです。

Work 13

1日の脚のむくみがすっきり！
湯船に浸かったまま簡単マッサージ

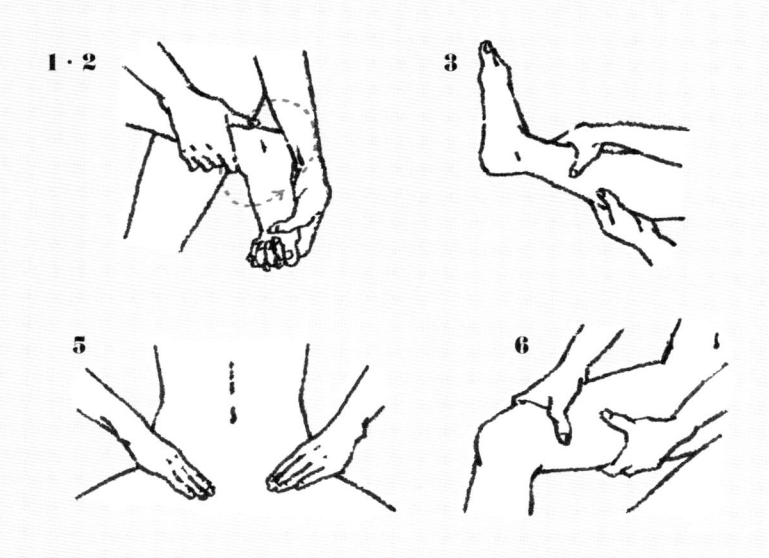

1. バスタブに浸かりながら、左足の指の間に右手の指を通し、しっかり絡める。

2. 左手で左足首を支えながら、右手で足の指から足首全体を回していく。大きく左右5回す。反対の足も行う。

3. 片足ずつふくらはぎを下から上に3回揉みほぐす。

4. 膝の裏に、両手の中指でゆっくり3回圧をかける。

5. 足の付け根のあたりを、親指で圧をかけてほぐす。

6. 太ももを下から上に押しながら揉みほぐしていく。

Point! マッサージはすべて痛気持ちいいくらいの強さで。

デリケートゾーンについて

「デリケートゾーンケア」という言葉を聞いたことがありますか？

欧米では当たり前ですが、日本ではまだまだ馴染みが少ない習慣です。

デリケートゾーンとは、性器まわりのこと。

その部分のケアって!?　と、驚かれるかもしれませんが、この部分は、名前の通り非常にデリケートであり、大切な部分です。

日本では、ボディーシャンプー（石鹸）と洗顔ソープは分けているのに対し、デリケートゾーンは「体を洗うものでついでに」なんてケースも多いと思います。

欧米の女性たちがこれを聞いたら、驚くでしょう。

欧米では、デリケートゾーン専用の低刺激ソープがたくさん売られていて、彼女たちは専用のソープで洗っていますし、ビデやデリケートゾーン専用のワイプ（デリケートゾーン専用のウェットシート）、ローション、保湿クリームなども上手に使いこなしています。

日本では、顔のスキンケアはするのに、デリケートゾーンのスキンケアなんてしたことがないという方が大半です。

私は、このことを知った5年くらい前から、ずっと専用のソープを使っています。たまに専用のクリームやオイルを使って、マッサージや保湿などもします。

また、紙ナプキンは極力使用せずに、布ナプキンを使い、現在は経血コントロール*をして、なるべく便器で経血を出すようにしています。

＊経血コントロールとは、生理の経血をお手洗いに行ったときにおしっこをするのと同じように出すことです。骨盤底筋群を意識して鍛えておくとできるようになります。

　また、デリケートゾーンを清潔に保つためには、脱毛がおすすめです。

　Ｖラインだけでなく、Ｉライン（性器まわり）・Ｏライン（肛門まわり）の脱毛も、日本でもやっと一般的になってきました。この部分の毛をなくすことによって、生理のときにムレたりせず、雑菌が繁殖しにくくなり、臭いも軽減できます。

　なにより、デリケートゾーンのお手入れがしやすくなります。

　日本でも近年は、脱毛サロンにレーザー、光、ブラジリアンワックスなどたくさんあるので、ぜひ試してみてください。

　デリケートゾーンは、赤ちゃんが生まれてくる場所であり、パートナーを受け入れる場所であり、生きるのに不可欠な排泄をする場所でもあります。

　こうした部分を大事に丁寧に愛を持って接することは、自分と向き合う大切な手段なのです。

#selfmassage

セルフマッサージ

「自分と向き合うこと」とは、自分の心に寄り添い、たくさん問いかけをして答えを出していくこと……と思われるかもしれませんが、じつはもっと簡単なことがあります。それは、マッサージやスキンケアです。

「自分と向き合うのが苦手」という方は、まずは自分の肌を意識的に触ってみましょう。恋人や親子などの間でもスキンシップはとても大切ですが、自分とのスキンシップを普段からしていますか？

肌に触れると、思考ではなく感覚で自分自身のことがわかるようになります。1週間かけて、毎日違う部分をたくさん触ってマッサージしてみましょう。

体のどこにこわばりがあるのか、硬いのか柔らかいのか、心地いいのか悪いのかなど、触れることによってわかるようになってきます。

ベテランのエステシャンの方は、お客様の体に触れるだけで心や体の状態を面白いように読み取ります。それは、たくさんの方の体に触れているからわかることです。自分の体に触れる機会を増やしていけば、自分がどんな状態かすぐにわかるようになります。

マッサージをするときは、オイルを使うと、無駄な力を入れなくていいので楽です。また、滑らせることによって圧力が一点にかからず、リンパ液がスムーズに流れるようになります。

お気に入りのオイルを数本持って、気分や用途によって使い分けると、家でエステをしているようで気分も上がります。

また、マッサージとストレッチを組み合わせると、さらに効果が出ます。

お風呂上りの、体が柔らかくほぐれた状態のときにストレッチをし、こわばりがある部分にオイルをつけて、ちょっと痛いかなというくらいの強さで流すようにマッサージをします。その後にもう一度ストレッチをすると、最初よりもより深いストレッチができることを感じられるでしょう。

こうしたことを毎日くり返すことによって、どんどん自分の体が思うようになっていき、自信につながります。また、ストレッチやマッサージの効果が出てくると、することが楽しくなり習慣化していきます。

習慣化することにより、確実にボディラインや体質は変わってきますので、まずは楽しく続けることが大切です。

マッサージは、体だけではなく、心もほぐします。

緊張状態のときや不安なときは、自律神経が交感神経に傾いているので、神経や血流は圧迫されて、体がカチコチになっています。うつの患者の方は、背中がとても硬くなっているというのを聞いたことがあります。

いきなり緊張や不安を取り除くのは難しいので、そんなときこそマッサージです。

筋肉の緊張がとれていくと、自然と呼吸も穏やかになり、体内に血流やエネルギーが回り出すので、気持ちも穏やかになり、活力を取り戻すことができるでしょう。

私は「元気だね」と言っていただくことが多いのですが、それはこういった心や体の仕組みを理解して、自分と楽しく向き合うことを実践しているからだと思います。

日常生活において、現代人はどうしてもPCやスマホなどを使用するため、前かがみの姿勢が多くなってしまいます。すると姿勢が悪くなり、首筋やデコルテまわりのリンパが滞り、肩こりや頭痛の原因になります。

コリをなくして美しいデコルテを作るためにも、ぜひこのマッサージをしてみましょう！

Work 14 ｜ デコルテと首のマッサージ

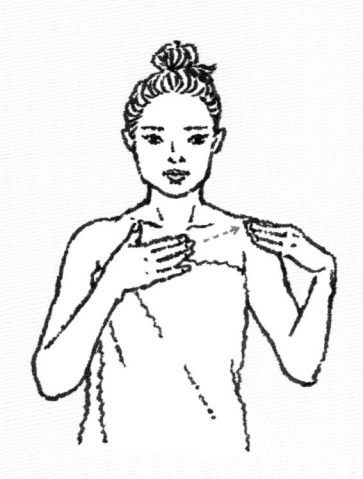

1. お風呂上りに髪をアップにして、首とデコルテに好きなオイルを少々塗る。

2. 左の鎖骨の下に右手の指を沿わせて、体の中心から肩側に向かって指を滑らせる。

3. 少し力を入れて脇の下まで滑らせ、腋下リンパに老廃物を流すようにする。※**2**〜**3**を5回行い。同じことを反対側もする。

4. 右手の指を左の耳の下あたりに置いて、少し力を入れながら喉の脇にある 胸鎖乳突筋（きょう さ にゅうとつきん）に沿ってゆっくり指を滑らせる。

5. 鎖骨の上側まできて、そのまま鎖骨の上側を通り、また脇の下の腋下リンパに老廃物を流すようにする。

Point! 脇の下にはリンパの束が集まっています。ここをしっかりほぐすことによって循環のいい体を作ります。

MENU

2

#MIND
思考を整理する３つのワーク

物事はすべて完璧なタイミングで起こり、
必要なものなのだと確信すると、不安や迷いはなくなる。
物事や状況は変えられなくても、捉え方は変えられる。
ストレスと捉えるかどうかは
自分の心の状態で決まる。

#worthit

自分の価値観を知る

　夢を叶えるにも、なりたい自分になるにも、まずは自分がどんな価値観を持っているのかを知ることからスタートします。

　「あなたが人生で大切にしていることは何ですか？」と聞かれたら、すぐに答えられますか？　すぐに答えられる人は、すでにそのような人生を歩んでいるのでしょう。自分で“決めている”人は、そうなります。

　逆に言うと、決めていなければそうなるはずがないのです。ただ「よくなりたい」「人と比べて劣りたくない」と思っている人は、人生の価値観もぼやっとしているため、たぶん今納得のいく生き方ができていないのではないでしょうか。

　まずは自分の価値観を知り、ビジョンを描きましょう！

　自分の価値観を知るには、自分にたくさん質問してみることです。

　「なぜ私はこれが好きなの？」「なぜ私はこれが得意なの？」「なぜ私は今の仕事を選んだの？」「なぜ私はこの人をパートナーに選んだの？」「なぜ私は今の家を選んだの？」

　自分では何気なく選んだつもりでも、潜在している共通の価値観があります。なぞなぞを解くように、自分の中にたくさんの「なぜ？」を持ち、無邪気な子供のようにたくさん質問をして、それに答えていくことで、そのなぞがとける日がきます。

　自分の価値観がわかったなら、次に優先順位をつけていきます。

　大切にしている価値観に、日々時間やエネルギーを注げると、人生はとても充実し、自分のことや自分の人生が好きになります。それは生きる自信にもなります。

Work 15 価値観を明確にする

1. あなたが人生で大切にしたいことは何ですか？　書けるだけ書いてみましょう！

> Ex）自由であること。クリエイティブであること。チャレンジすること。家族を大切にすること。感謝を忘れないこと。成長すること。etc.

2. その中で最も大切だと思うこと５つに丸をつけてみましょう。

3. 丸をつけた５つに順位をつけて下に書き出してみましょう。あなたはその価値観を元に生きられていますか？

1 位

2 位

3 位

4 位

5 位

世間や他人に流されない自分になる
5つのワーク

「自分の軸を持って、世間の枠や他人の意見に流されない自分になりたい。そんな自分になれたら、どれだけストレスフリーか……」そう思っている方は多いはず。

　現代はモノや情報があふれ、取捨選択することがとても難しくなっています。

　そんな時代を生きる中で選択力と決断力をつけ、まわりに流されない自分になるために大切なことをお伝えします。

1. 自分の価値観を知る

　まずは、自分のことをどれだけ知っているか？　ここから始まります。

　あなたは、どんなことに情熱があり、どんなことにワクワクしますか？

　どんなときに幸せを感じ、どんなときに心地よさを感じるでしょうか？

　いくら他人からすすめられたり、世間がそうだと言っていても、あなたの価値観に反するものは選択肢から排除していきましょう。

　自分の価値観に沿った選択をすることは、自分自身への信頼を高めていきます。これをくり返していくと、自分のことが好きになり、生きる自信にもつながります。

2. 未来のなりたい自分に選択させる

　今の自分は過去の記憶や経験からできています。でも、本当になりたい自

分は、過去からの延長線上にない自分かもしれません。だったら、今の自分ではなく、未来のなりたい自分になりきって目の前の選択をしてみましょう。

今の自分では到底無理と思っていたことも、未来のなりたい自分なら、軽くクリアしているかも。

視点をつねに高く保ちましょう。すると目の前の小さな迷いや悩みは消えます。

3. 情報を遮断する

日常的に流れてくる情報を無意味に見ていませんか？

たとえばSNSのタイムラインやつけっ放しにしているテレビなど。無防備にただ流れてくる情報を自分の中に入れていると、いつか飽和して何を選択していいかわからなくなってしまいます。

これは女子会での噂話なども同じです。

あなたはあなたの価値観で、どんな情報や知識を得たいですか？

情報は基本、自分で取りに行くものとしましょう。

また、情報を遮断する日や時間帯を作るのも効果的です。

時間ができたらスマホをつい見てしまう……そんな癖がある方は、フライトモードにするか、スマホを別の部屋に置くなどして、見るまでに物理的に手間がかかるようにするのもいいでしょう。

4. 正解を選ぶのではなく、選んだものを正解にする

「正解を選ぼう」「失敗しないようにしよう」と思っているから、なかなか選択や決断ができずに時間だけが流れていき、結局行動を起こせないまま、なんてことはありませんか？

どれがいいか悪いかなんて、やってみないとわかりません。

そして、いい悪いというのは自分でジャッジしているだけで、一見よく見えても次の瞬間に悪くなることもありますし、最初は悪いと思っていても後になってよかったと思えることもあります。

　まずは、何でもいいので選択や決断をしてみること。そして、それを「自分にとっての正解」に自分で変えていけばいいのです。そう思うと、選択や決断が楽にできるようになりますよ。

5. 受け入れて流す

「他人の意見や世間の常識は断固として入れない！」というわけでなく、何でも一度、受け入れてみたらいいのです。

　受け入れないようにしようとしていると、それはそれでストレスになります。軽く受け入れて、必要のないものは、横に流せる自分になりましょう。

　他人の意見やお節介も笑顔で受け入れて、NOも笑顔で言うと、相手はあまり嫌な気がしません。ですが、厳しい表情や困った顔でNOを言うと、相手はもっと自分の意見を通したくなってしまうものです。

　何でも柔軟に対応できるとストレスフリーになります。

　自分の価値観を大切にしながら、他人や世間ともうまく付き合えるようになると、自分の器が大きくなって、受け入れられるものが増えていき、どんどん成長できる自分になりますよ。

#mindmapping
マインドマップ

　価値観や優先順位がなんとなくわかってきたら、より具体的に知るために、マインドマップを作成してみましょう！

　マインドマップとは、思考を整理するために、頭の中にあるものを紙に書き出して、わかりやすく図にまとめるなどしたものです。

　これをすると、自分の中にあるものを目で見ることができて、自分を客観的に捉えられるようになります。

　すると、今まで気づかなかったことに気づいたり、アイディアが閃いたり、点と点がつながって線になる感覚を得ることができるでしょう。

　私はこのマインドマップをことあるごとに書いて、思考の整理をしています。
・モヤモヤして、そのモヤモヤの正体を探りたいとき
・仕事で新たな企画をまとめるとき
・自分の夢や目標を明確にしたいとき

　用途はさまざまです。

　自分ミーティング（P,94）をするときの基本となることなので、やり方を覚えて、ぜひ実践してみてください。

Work 16 マインドマップを書く

用意するもの：
・無地の紙（画用紙やコピー用紙など）
・ペン（カラーもあると見やすくて整理しやすい）

1. 無地の紙を用意して、紙を横長に置きます。

2. 紙の中心に今考えたいテーマを書き、目立つようにします。

3. そのテーマからキーワードを派生させて、囲むように書き出していきます。

4. そのキーワードから、さらに思いつくキーワードを派生させてどんどん書いていきます。

> Point! 連想ゲームをするイメージで「××と言ったら、△△でしょ」といった具合に紙の隅まで埋まるように満遍なく書いていきます。

5. 同じキーワードが出てきたときは線でつないだり、よく出てくるキーワードを目立つように囲んだり、色をつけたりします。

6. さらに整理するために、**3**で派生させたキーワードの道筋に色をつけたり、属性を決めてカラーで分けたりします。

> Point! 自分が見やすく、ワクワクするものにすることがポイントです！

7. マインドマップを書いてみて、得た気づきを書き出してみましょう。

Ex)

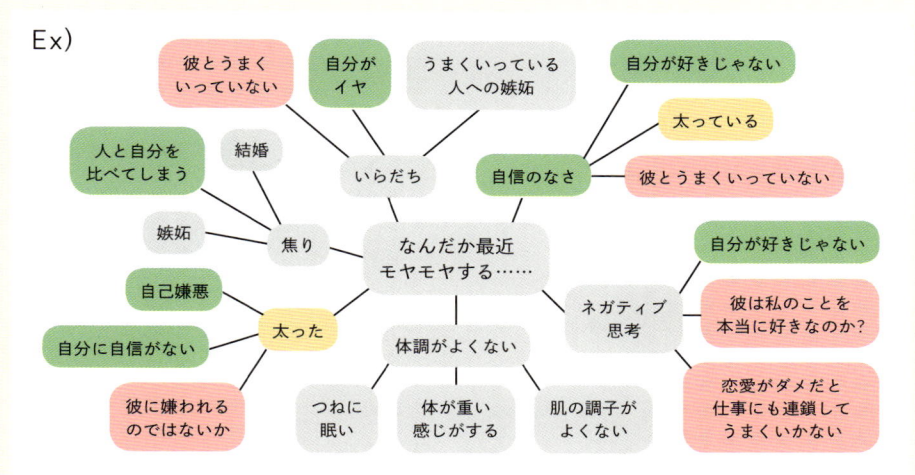

【気付き】結局、私は「自分への自信のなさ」が「恋愛でのセルフイメージの低さ」を生み、他のことへも悪循環している。私が向き合うべき課題は、ダイエットよりも「自分を好きになって自信をつけること」。そのためにまず自分と向き合う時間を少しずつ作ろう！

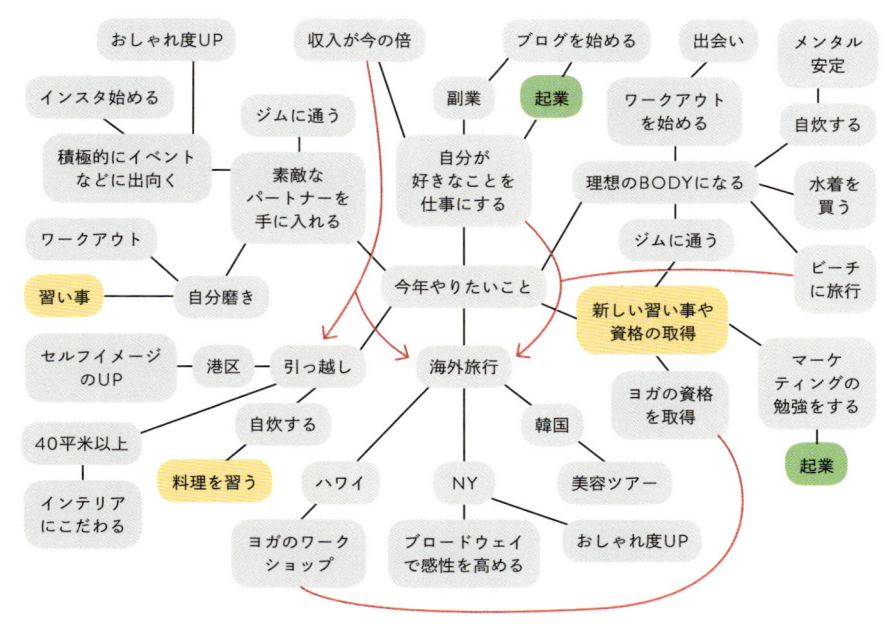

【気付き】私は「自由」に生きたいんだ！　もっとやりたいこと、新しい分野にチャレンジして自分を成長させたいことがわかった。そしたら、それに見合う素敵なパートナーができると信じている！

直感力を磨くのに
大切な5つのこと

　私は人生や仕事で何かを選択するとき、直感で決めることがとても多いです。そのことについて、みなさんからよく質問を受けてきました。
「直感」とは、感覚が教えてくれることであり、インスピレーションのようなもの。たとえば、左脳ではなく右脳。頭で考えた答えではなく、体で感じる感覚や、心から湧いてくるもの。私はそんなふうに捉えています。
「直感力」とは、生まれながらの霊感的なものではなく、人生でのたくさんの経験や積み重ねてきた感性から作られます。私自身、直感をもとに選択することに自信が持てるようになったのは、ある程度、歳を重ねてからです。
　直感力を磨くのに大切だと思うことを5つご紹介します。

1. 頭で考える癖を手放す

　頭で考えて答えを出すのではなく、なるべく心や体の感覚に問いかける意識を持つこと。
　思考して出た答えは、表面的な結果にはつながっても、根本的な結果にはつながりにくいように思います。
　たとえば、ピンチのときに最善の策を頭で考えると、状況的には解決に向かいますが、心のモヤモヤがずっと取れなくて、似た状況をまた招いてしまうなど。みなさんにも心当たりはありませんか？
　思考は一時的な問題解決には効果的ですが、継続的・根本的な問題解決には、頭ではなく心で考える（感じる）ことが大切です。

2. 感情、感覚に素直になる

感情（心）や感覚（体）に問いかけるとは、一体どういうことか。それは、五感をフル活用して、体全体で感じるということです。

たとえば選択で迷ったとき、まず目を閉じて胸に手をあて、一方をイメージします。

そのとき、心にどんな感情が湧くか、体はどんな感覚になるか。体が熱くなるのか、こわばるのか、呼吸が早くなるのか、リラックスするのかなどを観察してみてください。もう一方はどうなのか？　そして、しっくりくるほうを選びます。

はじめはわからなくても、意識してくり返すうちに、自分の心や体とどんどんコミュニケーションが取れるようになり、この感覚がわかるようになります。

3. 自然に触れるなどして、五感をたくさん刺激し、感性を磨く

心や体の感覚を敏感にするには、五感をたくさん刺激するとよいでしょう。

見る・聞く・香りをかぐ・味わう・触れるなど、普段から満遍なく五感をフル活用していると、体の心地よさや違和感などがわかるようになります。

五感を育てて大切にしていると、日々の選択において、まだ頭では理解していないことも、感覚が先に知らせてくれることが多々あります。これが直感だと思います。

五感を刺激するのに最もおすすめの方法は、普段から自然に触れることです。休日は自然豊かなところに出かける、通勤時間や空いた時間で公園に立ち寄ってみる、リビングに生花を飾ってみるなど、いろいろな方法で取り入れてみてください。

4. 小さなことでもふと思ったことをすぐに実行する

　直感を磨くには、直感を信じて行動し、そのフィードバックを得ることも大切です。

　たとえば、「これかな？」と思ったら、「気のせいだろう」なんてスルーするのではなく、思ったまま行動に移してみること。その結果を受けて、自分の中で統計を作っていくのです。

　トライ＆エラーの大切さと同じく、何でもやってみた上で得た気づきを次回のチャレンジに活かしていけば、人生の幅が広がります。

　直感も同じで、まず試して使ってみないと、直感を使う感覚に慣れることができません。何度も試して感覚をつかんでみてください。

5. 無になれる時間を持つ

　直感で選択して自信をつけるのに少し慣れてきたら、それをさらに磨くために、無になれる時間を作りましょう。

　一番いいのは瞑想ですが、どうしても瞑想が苦手という方は、瞑想的な時間……たとえば、一人でドライブをする、ヒーリング音楽を聞きながらぼーっとする、自然の中を散歩する、ヨガをする、踊るなどに時間を費やしてみてください。

　せっかく直感力が使えるようになってきても、日々の雑事に追われたり、時間的・気持ち的に余裕がなくなったりすると、頭で思考する癖がどうしても戻ってしまいます。

　日々リセットできる時間を確保し、自分と向き合って自分を知っていくと、よりあなたの直感力は磨かれていくでしょう！

#liquidation
過去の清算

　セルフリトリートは、普段しないことをたくさんしてみるよい機会となります。ここでは、普段消化しきれていないことをすっきり消化させて、これからの毎日をより楽しく、元気に過ごすワークをしていきましょう。

　食べたものが消化できないうちに次の食事を取ってしまうと消化不良を起こすのと同じように、マインドも、何か引っかかったものがあるままに新しいことを入れてしまうと、感情の消化不良を起こしてしまいます。

　たとえば、過去のパートナーに言われた言葉がずっと引っかかったまま次の恋愛に進んでも、どうしてもその言葉がトラウマとなり、パートナーが変わっても同じ問題や状況を引き起こしてしまったりします。

　何か引っかかりがあるときは、必ずそれを丁寧に取り除いてから次に進むこと。引っかかっている物事によっては、向き合うことがつらかったりするものです。そんなときは、一気にしなくてもいいので、時間をかけて少しずつ向き合っていきましょう。

　引っかかりの原因は、過去の心の傷（トラウマ）から生まれた思い込みや先入観、自信のなさ、苦手意識、思考の癖、断ち切りたい習慣（過食、浪費、お酒）などです。

　何かモヤモヤしているときは、そのモヤモヤの正体がわからないからモヤモヤするのです。そのモヤモヤを分解して、分解したものを一つずつ味わってみると、解決の糸口が見つかったり、その感情を手放せたりします。

　たとえば、人とのコミュニケーションに苦手意識があるとします。人とうまく話せない、意見を言えない、パートナーと長く続かないなど。

　それは過去のどこから始まったのか、どうして始まったのか、自分がコミュニケーションの中でも何を苦手と思っているのか？　などを詳しく掘り

下げてみます。

【モヤモヤ】人とのコミュニケーションに苦手意識がある

【いつから？】たぶん小学生くらいの頃から友達と話すとき緊張する

【なぜそうなった？】
いつも親に「恥ずかしい！」と言われていたのを思い出す

何か発言するときに、「もしかしたら恥ずかしいのではないか？」
と考える癖がついた

発言する前に考える癖がついたら、段々と発言しなくなり、
発言をすること自体にも自信がなくなってきた

人と話すことを避けてきたせいで、大人になってからも、
人前にいると緊張するようになってしまった

ここまで掘り下げたら、どうやってこれを手放せばいいのかというと……
なぜ親に「恥ずかしい」と言われていたんだっけ？

よく考えたら、自分が恥ずかしいことを言ったのではなく、
親の価値観に当てはまらないから非難されていただけだ

そう言えば母は、世間や他人の価値観を自分に押し付けてきて、
よく人を非難するタイプだったな

私は本当は恥ずかしくなんてなかったんだ！

　この時点でトラウマや思い込みが解消されるケースもありますが、さらなるアクションとして……

そうだ、母にこのことを伝えてみよう！

自分「ねえ、私が小さいとき、よく『恥ずかしい！』って言っていたけど、
今考えたら子供だし恥ずかしいことじゃなかったよね？
あのときじつはすごく傷ついて、いまだにそれを引きずっていたみたい」

これを伝えるだけでもだいぶスッキリして、トラウマが解消されるはずです。

母「え！　そうだったの！　全然覚えてないけど、
それで苦しめていたなんてごめんね。あなたは立派な娘よ」

肯定してもらうと、さらにトラウマの解消が進みます。

自分「いや、お母さんは悪くないの、自分がそう捉えていただけだから。私
も成長して自分のことがわかるようになってきたの。これまでありがとう」

和解が起こると、完全にトラウマは解消されます。

　あくまでこれは一例です。バカバカしいかもしれませんが、私は似たよう
なことをこれまでたくさんしてきました。そうやって昔の自分にタイムスリ
ップして、過去の感情を丁寧に味わうことによって、家族との関係、自分に
対する評価、思い込みなどさまざまな気づきが起こるでしょう。

　たとえば、「愛されていないから叱られていたのではなく、本当は愛され
ているがゆえに言われていたことなんだ！」と気づいて自分の思い込みが外
れたり、「自分に自信がなかったのは、あのときのあの人の一言からだった
んだ！　でもそれはあくまでその人の意見だったな」と視点が変わったり。

　こういった気づきを体験すると、心が軽くなり、晴れやかな気持ちになる
でしょう。

　もし今このようなモヤモヤがない方は、頑張ってネガティブな部分を探す
のではなく、楽しかった過去の出来事や経験から、そのときの感情を味わっ
てみて、たくさんの愛や感謝を受け取る機会にしましょう。

[Work 17] モヤモヤや心の傷と向き合う

1. あなたが過去、心の傷を負いトラウマに感じていること、苦手意識を持っていること、直したい習慣や心の癖はありますか？　思いつくことを一つ書き出してみましょう。

> Ex）人とのコミュニケーションに苦手意識がある。恋愛が長続きしない。自分に自信がなくてすぐ悪いほうに物事を考える。etc.

2. それらはいつ頃から始まりましたか？

> Ex）たぶん小学生くらいの頃から友達と話すとき緊張する。20歳のとき初めて彼氏に振られてから。新卒の頃の会社で。etc.

3. なぜ始まったのでしょうか？

> Ex）いつも親に「恥ずかしい!」と言われていたのを思い出す。自分が否定されたと思い自信をなくした。上司に怒られてばかりいて同僚には見下されていたから。etc.

4. そのときの自分に声をかけるとしたら、何ですか？

> Ex) ・本当に恥ずかしかったのだろうか？　それは人の判断にすぎない。
> 　　　・私が否定されたわけではなく、お互いの価値観が変化してきただけ。
> 　　　・もっと堂々としていればいい、人に何を言われても私は私。etc.

5. アクションプラン 今のあなたが過去のあなたにしてあげられること
は何ですか？　思いつくだけすべて書き出してみましょう。

> Ex) ・母と話し合い、当時伝えられなかった気持ちを伝える。
> 　　　・過去の恋愛を癒すためにカウンセリングやヒーリングに行こう。
> 　　　・自分に自信をつけるためにダンスを始めよう。etc.

Column

自分のイヤなところと向き合う

　自分と向き合うのは大切だとわかっていても、イヤなところと向き合うのは苦しいものです。

　でも、いい部分だけを見て、イヤな部分を見ないでいると、いつしかそれはトラウマや苦手意識に変わり、気づかないうちにさらに自信がなくなっていきます。

　あなたは、自分のイヤな部分をどうしたいですか？「克服したい」「自分をもっと好きになりたい」「自信を持ちたい」と思うのであれば、少しずつでもいいので、自分の中にあるものを外に出してみましょう。

　具体的には、言葉にする、書き出す、目で見ることができるものならばよく見てみるなどです。目や耳を背けたくなるかもしれませんが、くり返し行ううちに徐々に慣れてきます。

　自分が恥ずかしいとかイヤだと思っているから、人もそこが気になるのです。それよりも、堂々と普通に振舞っていると、人もそこまで気にしません。

　たとえば、太っているのを気にして隠したり、コソコソしたり、いつも「太っているから」と言っていると、人もあなたを太っていると認識します。しかし、太っていても気にせず大胆に振る舞っていると、それも魅力に見えてくるのです。

　大切なのは、自分が自分をどう捉えるか？ というセルフイメージです。セルフイメージで現実は大きく変わります。イヤな部分も自分の一部なんだと捉えたとき、その部分は徐々に個性に変わっていくのです。

感情をコントロールする
9つの習慣

　ブログやセミナー、本を通して「ポジティブな女性」と捉えていただくことが多い私ですが、じつはネガティブな感情をたくさん持ってしまうからこそ、ポジティブに転換する術をたくさん身につけてきました。

　感情に支配されていると、すべてがつらく思えてきてしまいがちです。しかし、ちょっとした工夫で、感情に支配されることなく、それをコントロールすることができるようになります。そのコツを今回は9つお伝えします。

1. 今、自分がどういう感情なのかに気づく

「怒っているな」「悔しいんだな」「羨ましいんだな」など自分を客観的に捉えてみましょう。自分の感情を内側から感じているときは、感情に支配されています。しかし、一度外側から見てみると、その感情を客観的に冷静に捉えることができます。

　また、その感情がどのくらいのレベルなのか、数値化することも客観的に捉える手段の一つとして効果的です。

　たとえば、ある状況に対して感情を分解してみると、100％中50％が怒り、30％が悔しさ、20％が悲しみだったとわかれば、「あ、自分はこのことに対して怒っているんだな」と冷静に捉えることができます。

2. 先入観を外す

　物事や人、または自分を見るとき、人は必ずそこによくも悪くもフィルターをかけています。「きっとこの人はわかってくれない」「多分こう言うだろ

う」「私はこういう人間だから仕方ない」など……これこそが先入観です。

　先入観を持ち続けると、固定概念にとらわれて視野が狭くなり、自由に生きることが難しくなって、とても息苦しくなっていきます。そのことにまず気づきましょう。

　つねに心のフィルターを外して、物事や人、自分と向き合うようにすると、いつも新鮮な気づきが得られて、小さなことに感動したりもできます。

３．感情の正体を探る

　不安とは、何が不安かわからないから生じる感覚です。

　不安と正面から向き合い、冷静にその不安の正体を分析して、知っていくことによって、不安は課題に姿を変えます。

　たとえば具合が悪いとき、なにが悪いかわからないけれど、どこかが痛いと不安になります。しかし、それが「二日酔い」や「生理だから」と原因がわかると、その原因に向かって「しばらく胃腸に優しいものを食べよう」とか「休養をしっかりとれば大丈夫」などとアプローチすればいいので、不安は課題に変わります。

　きちんと自分の感情と向き合い、解決策を自分と一緒に考えましょう。

４．ハートで感じる癖をつける

　物事を頭で考えるのではなく、ハートで感じるようにしましょう。

　今感じている感情をハートで味わい尽くすのです。嬉しいことはたくさんハートで味わい、悲しいことも逃げずにハートで一度感じてみることによって、自分を客観的に捉えることができ、次にどうしたいか、どうしたらいいかが見えやすくなります。

　頭を使うことは、顕在意識の活性につながりますが、潜在意識の活性にはなりません。大切なのは、より潜在意識とつながること。潜在意識とつながるには、頭ではなく心で感じる癖をつけることです。

すると、自分の中に潜在しているものがどんどん湧いて出てくるようになります。その潜在しているものとは、感情・価値観・可能性・才能など。これらがわかってくると、より自分自身を扱いやすくなります。

ハートで感じることに慣れていない方は、一度深呼吸して力を抜いてから、吐く息とともに目を閉じて、胸に手をあてて大切なことは自分自身に聞くことです。

5. 視点を変える

物事にはいい悪いはありません。ただ起こっているだけです。それをどう捉えるかは自分次第。一つの物事に対してどれだけたくさんの視点を持てるかで、自分の可能性やチャンスを広げることができます。

物事を柔軟に捉えられると、つねに穏やかな気持ちでいられます。

6. 受け入れ流す・無になる

イライラしたり、落ち込んだり、不安になったりなど不快に感じることがあったときは、一度無になりましょう。深呼吸して冷静にそのものの正体を見極めます。そして、そっと横に置くイメージをするのです。それだけで一度その感情が自分の元から離れ、楽になります。

でも、またその感情はふと自分の元に戻ってくるときがあります。そしたらまたそれをする。ひたすらそれをくり返していくうちに、どんどん自分の元から遠ざかっていき、次第に手放せるようになるのです。

7. ストレスを味方につける

居心地のいい範囲を「コンフォートゾーン」と呼びます。人は変化を恐れる生き物ですが、成長は変化の中……コンフォートゾーンの外にあるのです。

いつもと違うことをするとき、人は小さな違和感やストレスを感じますが、このストレスこそが自分を成長させてくれるのです。そしてそのストレスにチャレンジし続けることによって、少しずつ免疫がついてきて、変わることを恐れない自分になれます。この変化とは、いつもと少し違った選択をするということです。

変化すること……成長はそこにあるのです。

変化する自分を素直に受け入れ、人生を楽しみましょう。

8. 心のスイッチをたくさん持っておく

自分の感情を扱うことは、小さな子供を扱うことと一緒です。子供をやる気にさせるとき、穏やかにさせるとき、あなたはなにをしますか？

やる気が出るスイッチや、心が穏やかになるスイッチを、自分の中にたくさん持っておきましょう。あの手この手といろいろバリエーションを用意しておけば、うまく感情をコントロールすることができます。

9. 意識しながら丁寧に呼吸する

私たちの感情が高ぶっているとき、よくも悪くも必ず、自律神経の交感神経が優位になります。そんなときは副交感神経（リラックスの神経）にスイッチを入れることで、物事を冷静に捉えられるようになり、平常心を取り戻すことができます。

では、副交感神経にスイッチを入れるにはどうしたらいいか？　それはP,22でも紹介した「呼吸」です。呼吸を意識して、ゆっくり吸って、ゆっくり吐く。これをくり返します。

とくにネガティブな感情を溜め込んでいるときは、吐く息を意識して、いらない感情が吐く息とともに体の外に出ていくイメージをしてください。それを心が落ち着くまでくり返します。すると心がとても軽くなっていることに気づくでしょう。

#TIME

スケジュールを整理する３つのワーク

限りある命の時間を、あなたは何に使いたいですか？
誰のために使いたいですか？
「今日が最期の日だったら何をする？」とつねに問い、
その答えを今すぐしよう。

#timemanagement
優先順位でスケジュールを振り分ける

　P,63で価値観の優先順位を明確にしたら、今度はその価値観を日々のスケジュールに落とし込んでみましょう。

「時間管理のマトリクス」という表をご覧になったことはありますか？

　これは、私のバイブルでもある『７つの習慣』という本に出てくるもので、タイムマネジメントにおいてとても有名で重要な表です（スティーブン・R・コヴィー著『７つの習慣』［キングベアー出版］をもとに独自の解説を加えています）。

　下の図は時間の使い方を４つの領域に分けています。縦軸が重要度、横軸が緊急度です。４つのうち、どの領域に時間を使うことが豊かな人生だといえるでしょうか？　例を見ながら考えてみてください。

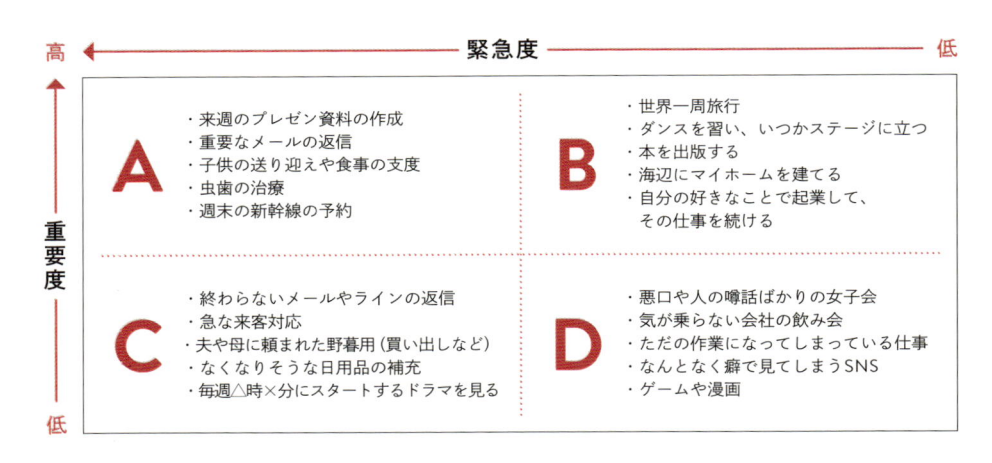

緊急度 ←——————————————————→ **低**　高

重要度　高／低

A
・来週のプレゼン資料の作成
・重要なメールの返信
・子供の送り迎えや食事の支度
・虫歯の治療
・週末の新幹線の予約

B
・世界一周旅行
・ダンスを習い、いつかステージに立つ
・本を出版する
・海辺にマイホームを建てる
・自分の好きなことで起業して、
　その仕事を続ける

C
・終わらないメールやラインの返信
・急な来客対応
・夫や母に頼まれた野暮用（買い出しなど）
・なくなりそうな日用品の補充
・毎週△時×分にスタートするドラマを見る

D
・悪口や人の噂話ばかりの女子会
・気が乗らない会社の飲み会
・ただの作業になってしまっている仕事
・なんとなく癖で見てしまうSNS
・ゲームや漫画

【Ａ：緊急かつ重要なこと】

　自分が責任を持って行わなければいけないことや、日々欠かすことのできないルーティンワークなどがここに入ります。とはいっても、自分で選んだ

というよりは「〜しなければならない」「〜すべき」というものが多いです。

【B：緊急ではないが重要なこと】

本当はやりたいのに今はできていないことがここに入ります。「時間があったらしたいな」と思っていたり、「お金がない」「才能がない」「自分にはどうせ無理」などと言い訳をして後回しにしていたりすることだったりします。

【C：緊急だが重要ではないこと】

とくに意味は持たないけれど、とりあえず今しないといけないことがここに入ります。要は作業的なことですね。感情を込めることではありません。こういったことは、自分がやらなくてもいい場合が多いです。

【D：緊急でも重要でもないこと】

簡単にいうと、どうでもいいことです。あなたの生活においてまったく意味を持たないので、今すぐやめることをおすすめします。時間の無駄です。自分軸でなく、状況に流されていることが多いです。もっと主体的（意識的）になりましょう。

いかがでしょうか？
どの領域に時間を使うことが豊かな人生になるか、もうおわかりですね？
答えは"B"です。
残念ながら、この領域にずっと手をつけられずに一生を終える人もいるのです。一度きりの人生、本当はやりたいことがあるのに、言い訳をしてやらないでいるなんて、とてももったいないと思いませんか？

私は、つねにこの"B"の領域に時間を使えるよう意識しています。
もちろん最初からできたわけではなく、意識を変えて行動をするということを何年もくり返しやってきて、今やっとできるようになりました。
"B"の領域以外のことは徐々に手放していき、最終的には"B"の領域をメインに時間を使って生きられるようになると、最高の人生になりますよ！
あなたは今、どの領域に多くの時間を使って生きていますか？

[**Work 18** : 時間のマトリクスを作る]

あなたが普段やっていることを下の表に書き出してみましょう。

<u>Point!</u>　「仕事」などざっくり1語で書くのではなく、たとえば仕事の中でも「ミーティング」「資料作り」「資料コピー」など分類をして書き出しましょう。同じ仕事でも領域が違うものもあります。

高 ← ———————————— 緊急度 ———————————— → 低

A	B
C	D

重要度

高

低

Column

やりたいことの整理

「本当にやりたいことが見つからない」という方は多いと思いますが、「やりたいことがありすぎて定まらない」という方も多いと思います。

　やりたいことが見つからない方は、まずはなんでも思いついたことをやってみて、それが「合う・好き」と思えば続ける、「合わない・好きではない」と思ったらやめるというのをくり返してください。それをして最終的に残ったものが、やりたいことなのではないでしょうか。

　また、やりたいことが見つからないのは、さまざまなものを見る・聞く・足を運ぶ・体験するなどの五感を使う機会が少ないからだと思います。五感をフル活用して、さまざまな経験をすると、その中から必ずピンとくるものが見つかります。

　やりたいことが多すぎる方は、「手放す」勇気を持ちましょう。
手放すとは、残すものをより大切にするこということです。
　新しく何かを手にするより、手放すほうが難しかったりします。なぜなら、手放してから「やっぱり必要だったのではないか？」と後悔するのが怖いからです。でも、後悔したら、もう一度始めたらいいのです。
　やりたいことのすべてを丁寧に、大切に扱うのはとても難しいです。数を減らして、一つひとつを大事にしてみたとき、初めてそのもののよさがわかったりします。
　まずは、やりたいことに優先順位をつけて、一度にするのは多くても上位３つ程度におさえましょう。ただし、できれば一つのほうが、よりそのものを味わい尽くし、極めることができるでしょう。

#timeline

1 週間の時間の使い方を把握する

　今度はあなたの 1 週間を見ていきます。あなたの 1 週間は、 A から D のうち、どの領域のものが多いのかチェックしてみましょう。

　ここでおすすめなのが、縦軸の時間毎にスケジュールを書き込むことができるバーチカルタイプの手帳です。1 日、何にどのくらい時間を使っているかが一目瞭然だからです。

　自分の時間の使い方を直視すると、自然とやめたい習慣が手離れして、欲しい習慣が身につくようになります。

　これは、痩せたいときに、毎日鏡で自分の裸をいろんな角度から見るのと似ています。現実を直視することによって、恐怖がモチベーションに変わり、「やらなくてはマズイ！」という意識を潜在的に植えつけていくのです。

　本気で時間の使い方を変えたい方、習慣を変えたい方は、ぜひバーチカルタイプの手帳を使ってみてください。私はバーチカルタイプの手帳をもう 10 年近く使っていますが、時間の使い方が大きく変わりました！　3 年前から、自分が使いたいと思う究極の手帳を作って販売しているほどです。

　このタイプの手帳を持っていない方もいると思うので、まずはあなたが直近 1 週間で何をしていたか、次ページの表に書き込んでみましょう。

　表を見て、現在のあなたの状態をしっかり把握し、そこからどうしたらいいかを考えてみましょう。

Work 19　1週間の行動を把握する

用意するもの：黒いペンまたはシャーペン、4色のペン

1. P,91の表に、直近1週間で「いつ、何をしていたか」をなるべく細かく書いてみてください。

2. それぞれの行動が「時間管理のマトリクス」（P,84）A～Dのどれに当てはまるか、4色のペンで色分けしてみましょう！

3. 書き込んだスケジュールを見て、どんなことに気づきますか？

　　Ex）・仕事のほとんどは義務的に行なっていることがわかったが、任されている仕事や尊敬する人との仕事だとワクワクして、よりポジティブなイメージができた。
　　　　・家での料理や入浴、リラックスタイムは、私にとって、自分と向き合う大事な時間で毎日の楽しみなのがわかった。etc.

4. アクションプラン　A～Dの色分け見て、あなたが手放そうと決意することは何ですか？

　　Ex）・気の乗らない誘いや気を遣う人との予定は、なるべく入れないようにする！
　　　　・義務感で仕事をすること。もっとポジティブに捉えてできるようにする！ etc.

5. アクションプラン　反対にあなたが「絶対にやろう！」と決意することは何ですか？

　　Ex）・今の仕事を楽しみ、意味を見出すために、苦手な上司にも積極的に話しかけてみる。
　　　　・ヨガやランニングを週2回はきちんとやる。毎日の瞑想は継続する！ etc.

A:　B:　C:　D:

週間スケジュール（時間軸 6〜24）

MON
- 瞑想やヨガ
- 朝食・後片付け
- 身支度
- 通勤
- 資料作り、リスト入力、営業電話対応
- 帰宅
- スーパー買い出し
- 料理＆ごはん
- だらだらテレビ
- 明日までにやらないといけない仕事の残り
- 入浴

TUE
- ランチ・読書
- デスクワーク
- メンターである上司との ミーティング
- デスクワーク

WED
- デスクワーク
- 会社の飲み会
- 帰宅
- リラックスタイム＆入浴

THU
- 大好きな友人とランチ
- 美術館めぐり
- ヨガ
- 気の乗らないデートで ごはん＆BAR
- 帰宅
- 入浴

FRI
- 自分が担当するやりたい企画の企画書作り
- デスクワーク
- 残業
- 外食（一人）
- 帰宅
- 入浴
- そこまで仲良くない友達の電話相談

SAT
- ゆっくり起きてコーヒーを飲みながらベッドで読書
- ランニング
- 身支度
- 移動
- 尊敬する方とランチ＆お茶
- 移動
- 家の片付け
- 近所に買い出し
- 家ごはん
- 入浴
- リラックスタイム

SUN
- 朝食
- 身支度
- 移動
- 自然の中で友人たちとBBQ
- 移動
- リラックスタイム
- 家ごはん
- 入浴
- 明日の仕事準備

MON	TUE	WED	THU	FRI	SAT	SUN
6						6
7						7
8						8
9						9
10						10
11						11
12						12
13						13
14						14
15						15
16						16
17						17
18						18
19						19
20						20
21						21
22						22
23						23
24						24

#TIME

Column

現代病"○○症候群"をやめる

　現代は、モノや情報があふれ、人とのコミュニケーション方法もさまざまに増えて豊かで便利になりました。その反面、迷ったり、他人と自分を比べてモヤモヤする人が増えていると思います。

　ここでは、現代病である、さまざまな"○○症候群"を紹介し、そうなってしまったときの解決策を簡単にまとめてみました。

・自己啓発症候群
自分を奮い立たせようと必死になって疲れる。セミナー難民になり、何がいいのか自分で判断できなくなる。
【解決策】ある期間情報を遮断する。誰かではなく、自分がいいと思ったものを選んでみる。頭で考えがちなので体をもっと動かしてみる。

・頑張らなくてはいけない症候群
頑張っている人を見て、自分ももっと頑張らなくてはと思い込んで疲弊する。
【解決策】息を吐く。焦りを手放すために、心が穏やかになることをしたり、頑張っている人たちを見るのをしばらくやめてみたりする。

・意識高い症候群
意識が高いのは、度を超えるとストイックになり疲れる。または自己アピールがしつこくなる。
【解決策】「果たしてそれは、自分やまわりにとって本当にプラスになっているのか？」という視点で、普段自分がしていることを振り返る。

・断れない症候群
いい人でいたいがあまり、NOと言えずに、自分で自分の首を絞める。

【解決策】ちょっとでも違和感があることには、勇気を出してその本音を伝えてみる。それをくり返すと、徐々にNOと言えるようになる。

・止まってはいけない症候群
「止まるとまわりに置いていかれるのではないか？」という不安がつねにあり、気持ちが休まらないので、結局ずっと動いてしまい疲れる。
【解決策】誰かに抱きしめてもらう。心配していることは空想。止まっても死にはしない。今あるものにフォーカスして、それを愛し感謝する。

・消費の罠にハマる症候群
新商品が出るたびにアップデートしないといけない衝動に駆られ、手に入れるも、つかの間の満足感が得られるだけでいつも満たされずにいる。
【解決策】モノが少ない自然が豊かな国へ旅行してみる。そこでどんなことが豊かなのかについて考えてみる。

・自分探し症候群
自分探しをすることが人生の冒険と捉え、いつまでたってもその冒険から戻ってこられず、年月だけ過ぎている。結局何も決まらず、始まらず、自分はダメな人間だと自己嫌悪に陥る。
【解決策】一定の期間で自分探しをしたら、無理やりでも答えを決めて、それを自分にとっての正解に変える努力をする。

・スマホ症候群
コミュニケーションのほとんどをスマホに頼り、便利さに中毒になっていて画面から目が離せず、目の前にあるリアルな感動を味わえず残念な状態。眼精疲労と肩こりに悩まされる。
【解決策】スマホを別の部屋に置く。何か用事があるときだけスマホを手に取る。熱中できる趣味を見つけて、日々を充実させる。

自分ミーティングの習慣化

この本ではたびたび「自分ミーティング」という言葉が出てきますが、これは私が作った言葉です。

「自分ミーティング」とは、仕事のときと同じように、自分自身とミーティングをすること。たとえば、目指すゴールに向かうにはどうしたらいいかを作戦会議したり、自分の近況を出来事と感情の両方から把握するためにヒアリングしたり、そこからフィードバックをしたりなどです。

仕事でも、まずは話し合いや説明をし、まとまったことをメモしたり、PCに打ち込んだりしますよね。同じことを自分自身とするのです。私は、これをもう10年以上前から習慣にしています。

ミーティングとは、どんなときに行いますか？

新しい企画やプロジェクトをスタートするとき、何か問題が起こったときや起こりそうなとき、週や月の始め、年度末、もっと成果を上げたいとき、もっと効率をよくしたいときなど、さまざまですよね。

このように、自分ミーティングも必要なときや定期的に行うのが重要です。そのときどきに行うことで、より自分自身のことがわかり、やるべきことが明確になって、問題を解決する糸口が見つかったりします。

紙とペンを用意したら、自分にしてみたい質問を書き出し、その答えを思いつくだけ書き出してみてください。たくさん書いてみて、その中から掘り下げたい文章をピックアップしまとめていくのです。こうして自分の思考や感情、アイデアなどを整理していきます。

「何を書いたらいいのかわからない……」という方は、私の前作『自分の人生が愛おしくてたまらなくなる100の質問ノート』（大和書房）を参考にしてみてください。

　ほかにも、P,67のマインドマップなど、この本の中のワークに取り組む
だけでもOKです。イラストや図を書くのが得意な方は、文章だけでなく自
分の感情や状況をイラストにしたり、図にまとめても楽しくわかりやすいと
思います。

　何かテーマを決めてリストアップをしていくのもいいでしょう。たとえば、
「行きたいところベスト10」「今年やりたいことベスト10」「今欲しいものベ
スト10」「理想のパートナーベスト10」など。

　一見お遊びのように思えますが、自分の感覚や感情を明確にしていくこと
は、自分の価値観やビジョンを知るのに役立ちます。ここが明確になると、
日々のモチベーションが上がり、動き出したくて仕方がなくなります。

　自分ミーティングは、なんとなくできるときに行うのもいいのですが、で
きたら「毎週何時〜何時」などと手帳に書き込むと、定期的に自分と向き合
えるのでおすすめです。時間は1回1時間がベストです。

　そして、そのミーティングに備えて、前後のスケジュールを調整し、心が
落ち着ける環境や状況に整えましょう。どこか素敵な場所を選んで、きちん
とした格好に着替えるのもいいでしょう。

　でも、自分との約束だから場所や格好なんて気にしなくていいんじゃない？
と思った方。大事な人とのミーティングがあるとき、あなたはちゃんとして
いきますよね？　その大事な人とは他人ではなくて、自分なのです！

　自分を大切に扱えない人は、他人を大切に扱うこともできません。自分に
優しくなり、自分のわがままを聞いてあげられる人は、他人に対しても優し
く寛大でおおらかな人です。

　逆に、自分に厳しくて完璧主義な人、「〜べき」「〜ねばならぬ」に縛られ
てしまう人は、他人に対しても少なからずそういった傾向があるのではない
でしょうか。実際、過去の私はそうでした。

　さぁ、あなたはいつ、どこで、どのくらい自分ミーティングをしますか？

　1ヵ月分、自分とのミーティングのスケジュールを決め、決めたスケジュ
ールを手帳に書き込んでみてください。

自分軸を見つけ、充実した人生を
手に入れる7つの手帳術

　女性にはいくつもの顔があって忙しいもの。「やりたいことがたくさん……でもやらなくてはいけないこともたくさんあって時間が足りない！」なんて方も多いのではないでしょうか。平等に与えられた1日24時間という時間を、より充実させ、自分らしく美しく生きることができたら最高ですよね。

　タイムマネジメントについて長年研究してきた私ですが、ついに3年前より手帳をプロデュースし、毎年たくさんの方にご愛用いただき、嬉しい感想が届いています。今回はそんな私の手帳術についてお伝えしたいと思います。

1. タイムマネジメントを完璧にしようと思わない

　1カ月や1年の始まりは、気持ちが引き締まり「がんばろう！」とやる気を取り戻すチャンスです。でも、完璧に無駄なく動こうと思わないこと。

　予定をガチガチに入れたあまり、余白時間がなくなってしまうと、イレギュラーが起こったときに余裕を持って対応できません。1日のスケジュールは多くても7割に抑えて、あとは余白時間として確保しましょう。

　イレギュラーが起こらなければ、好きなことをする時間にすると、つねに心が穏やかでハッピーな気持ちで過ごせます。

　こうした時間の使い方を記録し、一目瞭然にするために、私は時間軸が縦の手帳"バーチカルタイプ"をおすすめしています。

2. 咀嚼タイムを大切にする

　ここでいう咀嚼タイムとは、予定と予定の間に少しでも時間を作り、前の出来事の振り返りや次の予定に向けて準備をする時間のこと。

たとえば、大切な仕事のミーティングのあと、友人と食事という場合、ミーティングと食事の間に一人になって少しゆとりを持つ時間をとり、あらかじめ手帳に書き込みます（私は予定と予定の間を斜線で埋めることが多いです）。

ミーティングから何を得て、何が課題で何を次に活かす？　など振り返ると、そのままにするよりも断然得るものが大きく、未来に差がついてきます。

ここでの準備には、友人の近況を知るために友人のSNSを見ておくことや（会話の準備）、その他に心の準備も含まれていて、どんな気持ちで会いたいかな？　相手に会ってどんな時間にしたいかな？　など事前に考えておくことによって、いきなり会うよりも心を込めて向き合うことができます。

3. 人生の優先順位をつねに意識する

１日・１カ月の優先順位など、近い未来の優先順位をつけて動くことができる人は多いですが、人生の優先順位をつねに考え動ける人は少ないと思います。

ですが、本当に充実した人生を生きるためにはこの"人生の優先順位"を常に意識し、そこから１年・１カ月・１週間とスケジュールを立てていきます。

そのために私は手帳に人生のテーマや人生の優先順位を書き出し、毎日（多いときは１日に数回）眺めるようにし、今月の・今週の・今日の動きは人生のテーマや優先順位に合っているか？　と常に振り返るのです。

今～未来を決めるのではなく、未来～今を決めるのです。「いつか」と言っているうちは、そのいつかは来ません。「いつか」を決めることによって今の行動は変わります。

時間管理のマトリクスは有名ですが、その中の「重要だが緊急ではないもの」に日々取り組める人生は充実していると言えるでしょう（P,84参照）。

4. 斜線術で「予定を入れない」日を作る

私は予定を入れたくない日は、あらかじめ斜線を引いて、なんの予定も入れられないようにします。丸１日オフの日を取ろうと思っていても、つい予定を入れてしまうという方は、「その日は自分との大切な約束の日」とい

う意味で斜線を引くことをおすすめします。

オフと言っても何もしないというよりは、しっかり体を休めたり、普段やり残したことをしたり、家の掃除をしたりして、忙しく動いている日常の帳尻を合わせていく日なのです（そんな日にセルフリトリートはおすすめです）。

ただの空白にしていると、誰かに誘われたとき、空いていると勘違いして予定を入れてしまいがち。でも本当は、その日は自分との約束の日なのです。

5. 目標ではなくテーマを書き出す

「目標やするべきことのリストアップでがんばりすぎてしまうと、「～ねばならぬ」「～べき」が出てきてしまい、たちまち気持ちが重たくなります。

こうした状態はモチベーションが高いワクワクした気持ちではなく、強迫観念で動くことになり、結果は達成しても全然満たされません。

手帳に書き出す夢や目標はワクワクした楽しい気持ちで書くのが大前提。目標を書くというよりは、得たい感情や価値観（＝テーマ）を書き出すのがおすすめです。

目標を書き出すとどうしても気持ちよりも行動に目が向きがち。それよりも重要なのは、「その行動を通して、どんな気持ちになりたいか・何を得たいか」です。

その気持ちや得たいものがテーマとなります。

たとえば、「○○を達成する」と書くのなら、「○○を達成してチームの信頼感を高める」や「○○を達成して自信をつける」という、物事の先の感覚や価値観を書き出しましょう。

6. 週1で「自分ミーティング」をする

自分自身とタッグを組んで、人生で叶えたいことに向かって作戦を立てて行動することはとても重要です。でも、最初に作戦を立てただけで満足していてはもったいない。自分自身と日々ミーティングをする時間を取ってください。

大切なプロジェクトを遂行するとき、チームでこまめにミーティングをし

ますよね。それと同じように、自分自身とも定期的にアポイントを取って進行状況や向かう方向の確認、行動計画の練り直しなどすることはとても大切です。

そのために私は最低週に1回は1時間以上（多いと週に3回2時間ずつくらい取るときも）自分とのミーティングの時間と場所を決めて手帳に書き込んでいます。

仕事の大切なミーティングと同じくらいの気持ちでそこに向かいます。

その際、先ほどあげたような行動計画の確認なども大切ですが、一番大切なのは自分とのコミュニケーション。

「こんなことを頑張ったね」とか、「こんなこと好きなんじゃない？　やってみたら？」など、モチベーションを高める言葉を自分にたくさんかけてあげることです。

7. かわいい相棒・手帳といつも一緒に過ごす

自分の中の自分（感情や心・インナーチャイルドなどと呼ばれます）が最強のパートナーだとしたら、手帳はあなたにとってかわいい相棒です。

パートナーと相棒の違いは、相棒の方がちょこんとそこにいて、いつも一緒のイメージ。パートナーはときにそれぞれの役割を果たしていて、つねに一緒ではなくても、大事なときは必ずそばにいて、支えてくれて力になってくれる絶対的存在。

相棒である手帳は、ときに秘書になってくれたり、話を聞いてくれる相談役になったり、大切なことを教えてくれたり。だからこそ、いつも持ち歩かないと意味がありません。

私は大きくて立派な手帳よりも、コンパクトにどこでも持ち歩けて、でも内容がしっかりしていて時間軸や自分軸をしっかり確認できるものを選びます。

上記の手帳の使い方を参考に、皆さんもご自身の人生に手帳を役立てていただけたら幸いです。

#reduce
スケジュールの断捨離®

　P,91のWORKに書き出した、あなたの1週間のスケジュールを再度見返してみましょう。あなたが手放すべきタスクは何でしたか？

　ここでは手放すべきタスクの手放し方について説明しましょう。

【手放すべきタスク1】
・なんとなくただやっているだけで生産性のないこと

・頼まれてしているだけでやりたいことではないこと

EX）たいして気の乗らない会社の飲み会。イベントの幹事。etc.

　「上司に誘われたから行く」「いつも行っているから、行かないと悪い」ということをくり返していると、そのループからなかなか抜けられません。勇気を持って一度断ち切ってみましょう。

　一度でも「行かない」という選択をしてみてどうだったか、その体験を味わってみて、やっぱり行ったほうがよかったと思えば、また行けばいいですし、行かなくてよかったと思えば、今後は断りましょう。

　最初に断るときだけ勇気がいりますが、断ってしまえば「そんなものか……なぜ最初からそうしなかったのだろう？」ということは、じつは他の場面でもとても多いと感じます。

　たいして気の乗らない予定を一つずつ手放していくことで、時間やエネルギーにスペースができ、自分のできることが増えて、とても豊かな気持ちになります。

【手放すべきタスク2】
習慣になってしまった悪い癖

Ex）寝る前にだらだらSNSを見たり、ネットサーフィンをしたりすること。家に帰ったら、お酒を飲んでそのまま寝てしまうこと。etc.

　習慣を断ち切るには、環境を変えるのが効果的です。

　2泊以上の旅行に出てみましょう。旅行中は非日常的な時間や空間になるので、いつものパターンから抜け出しやすく、その時間が長ければ長いほど、そこでの習慣は定着しやすくなります。

　旅行に出られない場合は、部屋の模様替えをしたり、部屋の断捨離®をしたりして、目に入る景色を変えることで気持ちも大きく切り替わります。

　また、**習慣を断ち切ることをまわりにも宣言して、"やらなければマズイ状況"を作りましょう。**

　たとえば、SNSで公言して、毎日の成果を勝手にレポートし、さらに達成して得たことや自分の心境もレポートしてみる。他には、パートナーや親に宣言して、もしやってしまったら罰金や罰ゲームを決めてしまうのもいいでしょう。**断ち切りたい習慣をできるだけ人に公言したほうが手放しやすい**と思います。

　その習慣を断ち切るとどんなメリットがあるか？　というよい未来をたくさんイメージする習慣を身につけましょう。

　たとえば、家に帰ってお酒を飲まなければ、そのまま寝てしまわないので、ゆっくりお風呂に浸かってお風呂上りにストレッチができる、家に帰って読みたかった本が読める、などワクワクする未来のイメージをたくさん集めて、先にそれを味わうことで「早くやめよう！」という決心がつきます。

【手放すべきタスク3】
自分がやらなくてもよくて、誰かに頼めばすむこと
EX）会社でのコピーやお茶出しなどの雑用。子供の世話。etc.

　自分がいつもしていることでも、よく考えたら、あなたがいつもするから、勝手にその役になってしまっていることがあります。なんとなく自分がやっているだけで、それが当たり前になっていることがないか、考えてみましょう。

　お人好しな人ほど、いろんな役を引き受けてしまいがちですが（私も以前はそうでした）、それをやらないだけで、他にどんなやりたいことができる

かということに気づいてください。

　もちろん、あなたがやりたくてやっているのであれば構いません。でも、じつは「なんで私が……」「なんで私だけ……」と少しでも思っているなら、思い切って頼める人に頼んでみましょう。やりたくないことをやっているときほど、エネルギーを奪われることはありません。

　勝手に「自分がやらないといけない」と思い込んで、誰かの仕事や役割を奪っていることだってあります。夫や子供の世話については、あなたがやらなければ本人たちが勝手にやるかもしれません。

　もう一度言いますが、やりたくてやっているのであれば続けてください。でも違和感があるのなら、今すぐやめる決意をしましょう。いきなり全部やめなくてもいいので、まずは少しずつ手放してみて、その状況を感じてみましょう。

【手放すべきタスク４】
自分がやらなくても、じつは誰も困らないこと
EX）部屋の掃除。トレーニング。etc.

　これは、ちょっとトゥーマッチになっていることです。

　完璧主義の方に多いのですが、「〜しなければいけない」という強迫観念から、本当はやりたいわけではないのに、やらないと気持ち悪いとか、ダメな気がするからとくり返し、疲弊していくパターンです。

　例にあげた部屋の掃除やトレーニングは、できたら最高なことですが、やらないことで誰かが困るわけではありません（足の踏場もないほど家が散らかっていたら別ですが……）。

　これらを「やりたい！」「楽しい！」と思ってできているならいいのですが、もしも「やらなくちゃ」という気持ちでやっていたなら、やる意味があまりありません。

　続けることによって、表面的な結果は得られるかもしれませんが、結局は頑張り続けないと続きません。たとえ自分に鞭を打って続けられたとしても、やるたびにつらくなる状況を招いていて、自分を大切にできていません。

　心と体が離れていくと、最終的には無気力やうつになります。

　では、自分の心に正直に選択をしていったら、「いつまでたってもやろうと思ったことができない！」と思われるかもしれません。とくにトレーニングなどはつらいことなのでそう思いますよね。そんな方は、いかにそれを「やりたい！」という気持ちにさせるか、「楽しい！」と思って続けられるか、という仕組みを考えるのです。それには、ポジティブな未来のイメージをたくさん持つことが有効です。

　楽しくてラクなことほど習慣になりやすいので、どうやったら楽しくてラクな状態にできるのか？　も根本から考えてみましょう。

　たとえば、好きな人とやる、ゲーム感覚にしてやる、自分にご褒美を用意してやるなどは有効です。

【手放すべきタスク５】
やろうやろうと思っているのになかなか始められないことや続かないこと
EX）英語の勉強。ブログを書くこと。etc.

　やろうと思い手帳に書き込むのに、結局は先送りにしてしまい、なかなか手をつけられないことや、意を決してやってみたのに、その先が続かないことなどは誰しもあるはずです。

　そんなとき、無理してそれに取り組むよりも、一層のこと、そのやろうとする気持ちを手放して、やることリストから消去してみましょう！

　すると、どんな気分になるでしょうか？　たぶん達成もしていないのに爽快感やスッキリ感があるはずです。

　これらは、【手放すべきタスク４】と少し似ていて、本心ではやりたいと思っていないのに、やらなければいけないような気がしていることなのです。それでも、なるべくやったほうがいいなと思うなら、タスク４に書いたことと同じで、それをやることによってどんな未来が自分を待っているのか？をたくさんイメージし、その状態を先に感じることです。

　実際、やりたくなれば、勝手にやっているものです。やりたくないから、なかなか始められなかったり、続かなかったりするのです。

　やりたくなる仕組みを自分とミーティングして、たくさんアイデアを出してみましょう。

Work 20　スケジュールの断捨離®をする

あなたにとって【手放すべきタスク1〜5】は何ですか？　取るべき行動（アクションプラン）も書き出しましょう。

1.【手放すべきタスク1】やりたいことでなく、なんとなくただやっていることで生産性のないこと

Ex）たいして気の乗らない会社の飲み会。イベントの幹事。etc.
　　→誘われても断る。「やりたくない」とはっきり言う。etc.

手放すべきタスク1

→アクションプラン

2.【手放すべきタスク2】習慣になってしまった悪い癖

Ex）寝る前にだらだらSNSやネットサーフィンをする。お酒を飲んでそのまま寝てしまう。etc.
　　→家に帰ったらスマホをフライトモードにする。寝るときはスマホとPCを別の部屋に置く。etc.

手放すべきタスク2

→アクションプラン

3.【手放すべきタスク3】自分以外の人に頼めること

Ex）会社でのコピーやお茶出しなどの雑用。子供の世話。etc.
　　→頼める人を見つける。外注できるか考える。上司に相談する。etc.

手放すべきタスク3

→アクションプラン

4.【手放すべきタスク4】自分がやらなくても実は誰も困らないこと

Ex）部屋の掃除。トレーニング。etc.
　　→楽しくできて効果の得られるものを探す。やったときのご褒美を用意する。etc.

手放すべきタスク4

→アクションプラン

5.【手放すべきタスク5】やろうやろうと思っているのになかなか始められないことや続かないこと

Ex）英語の勉強。ブログを書くこと。etc.　→一緒にやる仲間を見つける。英語をペラペラしゃべっているかっこいい未来の自分をイメージする。etc.

手放すべきタスク5

→アクションプラン

Column

強迫観念の手放し方

「〜しなければいけない」「〜すべき」に縛られて、心がつねに窮屈な思いをしている人が多いように感じます。かくいう私もその一人でした。これらは勝手に自分で作り出した虚像です。
「自分はある固定概念や観念に縛られて、そう見えてしまっているだけではないか？」と一度立ち止まって考えてみましょう。

　いくら体が自由で、お金があって理想の暮らしや仕事をしていたとしても、ずっと心が何かに縛られたままでは、本当の意味で自由ではありません。
　自分の中にどんな観念があるのか、じっくり向き合ってみましょう。そこで固定概念、強迫観念、先入観などに気づいたら、自分の中にその存在を認め、それをそっと手放すイメージをしてみましょう。

　ずっと前から抱いていたものだと、すぐに手放すことは難しいと思いますが、じっくり時間をかけて"観念を認める→手放すイメージ"をくり返していくと、あるとき、だいぶ手放せていることに気づくでしょう。

　まずは、逃げずに自分の感情と向き合うこと。そして、それを持っていたいか持っていたくないか、持っていると自分がどうなって、持たないと自分がどうなるのかを考えてみましょう。考えたら、その答えを実行するのです。

Column

スペースの作り方

　本書ではくり返し「自分にスペースを作ることが大事」と伝えていますが、ここでいう「スペースを作る」とは、気持ち・エネルギー・時間に余裕を持つということです。

　人は余裕がないとき、本来の自分とは違った選択をしがちです。

　焦っているとき、イライラしているとき、疲れているときなど、思い当たりませんか？　いつもなら気にならないことが気になったり、人に当たったり、仕事のミスをしたり、うっかり忘れ物をしたりして、後悔するものです。

　余裕がないと、何かを得ても、つねに満たされない感覚が残ります。手にしているのに手にしていない感覚です。

　たとえば、焦っていたけど何かを成し遂げた、健康は損なったけど成功した、イライラして相手にイヤな思いをさせたけど収入を得たなど。

　こんなとき、物事（doing）では成功しても、感情（being）は満たされません。なぜなら、手にしたものをじっくり味わえる余裕がないからです。

　どうしたら余裕を持てるのでしょうか？

　それは、何かをあきらめることです。すべてを手にしようと思わず、限られたわずかなものを残して、それ以外を手放します。

　幸福度は、愛や感謝を感じられるかどうかで決まります。余裕があるときは、愛や感謝を感じやすく、幸福度が高い状態と言えるでしょう。

LAの女性が健康で美しい
6つの理由

　私は21歳のとき初めてロンドンに一人旅をしたことがきっかけで、それから毎年さまざまな国を旅しています。これまで30カ国、気に入って何度も訪れている国もあるので、フライト回数はのべ150回以上！

　さまざまな国を旅する中で、たくさんの文化や価値観、ライフスタイルに触れ、いつしか、ただ旅をするのではなく、海外で得た感覚やメソッドを日本に広めることも仕事にしてきました。

　私にとって「旅」はライフワークであり、仕事でもあります。ここでは私の大好きな街ロサンゼルス（以下LA）での旅から感じた、LAの女性が健康で美しい理由についてご紹介します。

1. 新鮮な野菜やフルーツを毎日食事に取り入れている

　アメリカの中でもカリフォルニア州には、健康志向の人がとても多いです。

　街にはホールフーズマーケットをはじめ、オーガニックスーパーがたくさんあります。またカフェに入っても、コールドプレスジュースやスムージーは定番ですし、ビーガンカフェやローフードのお店もひしめき合っています。

　日本でも、表参道などはこういったお店がかなり増えましたが、アメリカに比べてまだまだ値段が高く、一部の人しか利用していないのが現状。実際、日本は野菜やフルーツの自給率が低いため、材料を揃えるのにコストがかかってしまうのですよね。

　ただ、健康志向の人が増えて、たくさんの人がニーズを訴れば、供給も増えて、市場価格は下がります。日本でもこうしたライフスタイルが定番になれば、もっと健康で美しい人が増えると思います。

2. ヨガやランニング、ワークアウトが生活の定番

LAでは街をランニングする人、ヨガウェアで歩いている人（きっとヨガの行き帰りでしょう）、サイクリングしている人をたくさん見かけます。医療費が高いこともあって、自分の健康を医者任せにするのではなく、皆自分自身できちんと管理しています。

とくに女性は、美肌命の日本人と比べ、欧米ではキレイなボディラインを重視します。キュッと上がったヒップはアメリカ女性の憧れ。パーツや顔など「表面」を意識する日本人に対して、全体のバランスや髪やボディラインなど「立体感」を意識する女性が多いのが特徴です。

3. 人を褒めるのがとても上手

アメリカのみならず、ヨーロッパなど欧米諸国の人は、さりげなく人を褒めるのがとっても上手です。

私も旅をする中で1日5回は、街行く人や店員さんなど、知らない人に褒められます。褒めるといっても「あなたのヘア素敵！」や「その服あなたにとても似合ってる！」「あなたのネイルが好き！」など、小さなことなのです。

でも、褒められると気分がいいですよね。すると私も、相手のいいところを見つけて褒め返します。「あなたこそ、そのバッグとても似合ってる！」「あなたってなんて親切なの！」「あなたの笑顔が素敵！」など。

褒められることによって自信がついたり、ポジティブになれたりします。そして、そのハッピーの輪は連鎖します。褒めて褒められて、LAの女性たちはそうしてどんどんキレイになっていくのでしょう。

4. 人と比べない、自分は自分

LAの女性は（こちらも欧米諸国全体に言えます）自分の意見をしっかり

持っています。人の意見に左右されたり、必要以上に遠慮したりすることはありません。**きちんと爽やかに自己主張ができて、自分のことを自分の言葉で語れます。**それは自分のことをよく知っていて、自己肯定ができている証。

　自分のことを素晴らしいと思える人は、他人の素晴らしさや価値観も認めることができます。そして、**人と自分を比べず、どちらの魅力も受け入れられ、褒め合える**のだと思います。

5. 太陽が大好き

　LAはとても日差しが強いのですが、みんな思いきり肌を出して笑顔で過ごしています。**太陽はビタミンDの生成を促してくれるだけではなく、気分をポジティブにしてくれます。**

　日本では日焼けを恐れて、必要以上に太陽を避けている人もいますが、海外を旅する中で、太陽と仲良しの国ほど、人々がハッピーな気がします。ハッピーな心は、健康な体とマインドを作ります。心と体が健康だと、あふれる充実感から、見た目にも美しくなるのです。

6. 自分や身近な人を大切にし、必要以上に仕事をしない

　LAの人は自分の仕事もさることながら、まず自分自身や身近な人を大切にします。そのベースが十分に満たされてこそ、仕事が成り立つことをよく知っています。

　先進国では、どうしても自分や自分の身近な人を犠牲にして、仕事に励む姿をよく見かけますが（私も以前はそうでした！）、それをくり返していくと、心や体の健康を損なったり、お金があっても時間が取れなかったり、つねに満たされない感覚になるでしょう。

　自分が自分らしいままで、楽しくできる仕事を見つけられたら、いつまでも若々しく、美しくいられるはずです。

MENU

4

#RELATION

人間関係を整理する4つのワーク

本当に大切なものはわずかでいい。
わずかだからこそ、より今あるものを大切にできる。
自分をわかってくれる人もわずかでいい。
たくさんの人にわかってもらうより、
わずかな人と深くわかり合うことのほうが
はるかに価値がある。

#infographic
人間関係のグループ分け

　ここからは、あなたを取り囲む人間関係について考えてみましょう。

　人生において、嬉しい・楽しい感情や、逆に悲しい・悔しい感情は、どちらも人間関係によって作られます。

　もしあなたが、ものすごく貧しい暮らしでも、愛する人と生活していたら、また、退屈な仕事をやらなくてはいけない状況でも、職場に大好きで信頼できる仲間がいたら、幸せを感じる機会が多いと思います。なぜなら、人はどんな過酷な状況でも人とのつながりで心は救われるからです。

　逆に、どんなにお金を持っていて好きな仕事をしていても、本当に自分のことをわかってくれる人がいなくて、心から人を信頼できていないと幸せとは言えませんよね。

　あなたにポジティブな感覚を与えてくれる人は誰なのか？

　逆に、一緒にいてネガティブな感覚を受ける人は誰なのか？

　一度向き合ってみるといいでしょう。

　まずは、あなたを取り囲む人間関係を相関図にしてみましょう。

　相関図とは、よくドラマや舞台などの解説で使われる、主人公を中心とした人間関係の図を表すマップのようなもののことです。

　こういったことを書き出すと、あなたのまわりの人間関係が一目瞭然になります。その中であなたが気づいたことや、「もっとこうしよう！」と思うことがあれば、それを行動に移してみましょう。

Work 21

自分の人間相関図を作ろう

用意するもの：1枚の大きな紙と色ペン

1. 自分を中心におき、自分と密接な関わりがある人（家族・パートナー・親友・ビジネスパートナーなど）をまわりに置きます。

2. マインドマップのようにグループを作り、なるべく自分にとって関わりの多い順に、名前を書き出していきます。

Point! グループ名も書き、色分けなどするとわかりやすいです。

3. 自分と相手をつないで、どんな影響を与え合っているかを書き出していきます。

Ex）尊敬・親友・ライバル・信頼・憧れ・姉妹的存在・弟子的存在・メンター・悪友・旅友・趣味仲間 etc.

Ex）

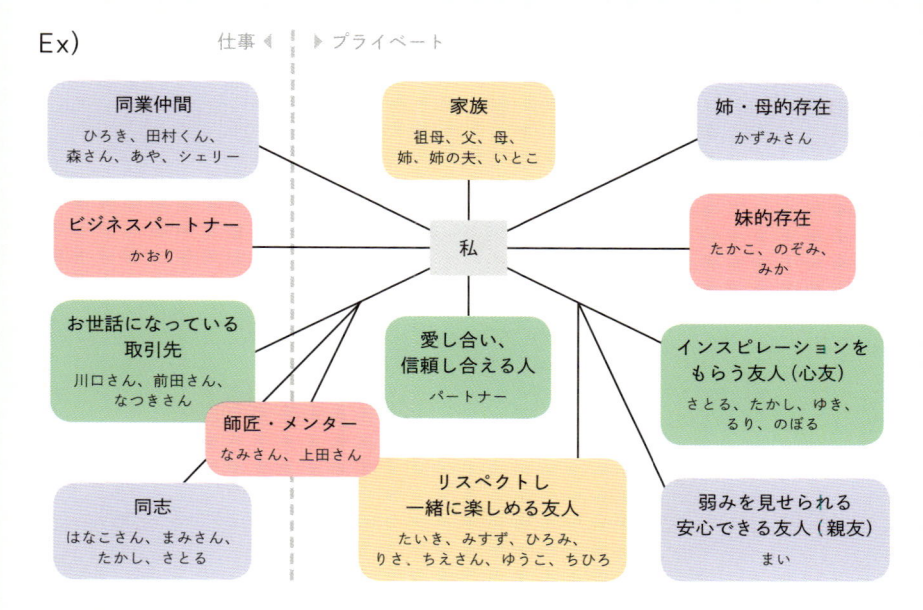

仕事 ◀ ▶ プライベート

同業仲間
ひろき、田村くん、森さん、あや、シェリー

家族
祖母、父、母、姉、姉の夫、いとこ

姉・母的存在
かずみさん

ビジネスパートナー
かおり

私

妹的存在
たかこ、のぞみ、みか

お世話になっている取引先
川口さん、前田さん、なつきさん

愛し合い、信頼し合える人
パートナー

インスピレーションをもらう友人（心友）
さとる、たかし、ゆき、るり、のぼる

師匠・メンター
なみさん、上田さん

同志
はなこさん、まみさん、たかし、さとる

リスペクトし一緒に楽しめる友人
たいき、みすず、ひろみ、りさ、ちえさん、ゆうこ、ちひろ

弱みを見せられる安心できる友人（親友）
まい

※すべて仮名です

4. 1〜3をして気づいたことは何ですか？

Ex) ・友達が少ないと思っていたけど書き出してみたら意外と多いと思った。
・自分を支えてくれる人の顔が浮かんで感謝が湧いた。
・メンターと呼べる人がいないことがわかり欲しいと思った。
・仕事だけの付き合いの人に多くのエネルギーを取られていることに気づいた。etc.

5. アクションプラン 4で気づいたことをもとに、あなたがやることを書き出しましょう。今納得がいかない状況なら、それを改善して欲しい結果を手にするために、納得がいっているなら、さらによい状態にするために考えます。

Ex) ・友人たちを集めたパーティーを企画し、友達に彼を紹介する。
・両親に感謝を伝える手紙を書き、田舎の祖父と祖母に会いに行く計画を立てる。
・メンターを探すために、気になる人をリストアップしたりリサーチしたりする。
・仕事だけの付き合いの人から休みの日にメールが来ても返信しない。ect.

#needyou
#unwanted

あなたにとって必要な人 & 必要でない人

相関図を作って見てみると、さまざまな気づきがあるでしょう。

あなたにとって必要な人は誰なのか？　必要でない人は誰なのか？　というのも見えてきやすいと思います。ここでは、あなたに必要な人とそうではない人の見極め方について紹介します。

【あなたに必要な人】

①あなたの絶対的な味方でいてくれて、自分もそうありたいと思える人

②あなたを引き上げてくれ、刺激やモチベーションをくれる人

- ・この関係が与えてくれるもの……信頼感、自己肯定感、安心感 etc.
- ・この関係がないとどうなるか……孤独感、自信喪失、不安感、人間不信 etc.

③価値観や楽しいこと、ときにはつらいことも共有でき、一緒にいて共感し合える人

- ・この関係が与えてくれるもの……信頼感、自己肯定感、安心感 etc.
- ・この関係がないとどうなるか……孤独感、自信喪失、不安感、人間不信 etc.

④反面教師となり、一見ネガティブな関係性だが学びや気づきを与えてくれる人

- ・この関係が与えてくれるもの……刺激、恐怖モチベーション*、成長の機会、大きな器 etc.
- ・この関係がないとどうなるか……なくてもいいけれどないと物足りない、刺激が少ない、成長できない etc.

* 「○○がなくなったらどうしよう」「△△みたいになりたくない」など一見ネガティブな感情ですが、その感情があるおかげで目の前のことを頑張れるような着火剤になるもののこと。

---

　④は絶対に必要ではありませんが、いると成長の機会が多く、成長願望がある方にはいるといい人です。つらいことも多いですが、その分成長も大きいと言えます。

【必要でない人】

①あなたのエネルギーや時間を奪う人

②一緒にいると自分もしくは相手（または両者）の悪い癖がつい出てきてしまう人

　この関係が続くとどうなるか……悪い癖がやめられない（ある意味依存）、疲弊感、成長できない、自己肯定ができない etc.

③一緒にいると気持ちが落ち込む、モチベーションが下がる、疲れるなど、あなたのエネルギーを下げる人

　この関係が続くとどうなるか……エネルギーが下がる、ネガティブになる、疲れる etc.

---

　①は、依存されているようであなたが相手を依存させているケースもあります。その場合、相手にとってもよくないので、依存させない自分になる、断る勇気を持ちましょう。共依存とは、依存させていることで自分の価値を見出してしまっているパターンのため、極めて危険な関係です。

　【必要な人】の①にあげた人が、【必要でない人】の②に被っている場合があります。自分を認めてくれる存在と、すべてを許してくれる存在は少し違います。本当に相手のことを大事に思っていたり、愛情があればときにあなたを叱るでしょう。

　また、自分が変わろうとしているときや成長していく段階で、昔の友人やパートナーが成長できていないような気がして、自分には必要ないと感じることがあるかもしれません。そんなときは手放すのではなく、少し距離を置いてみればいいのです。

　単純にタイミングが合わない時期というのはありますし、本当の意味で成長したのなら器が大きくなっているので、まわりにどんな人がいても、そこに引っ張られずに、どんな人とでも、うまくやっていけるようになります。

人のことを「成長してないな」と思うときほど、あなたがまだ成長できていないのかもしれません。

③の人には、相手が悪いと捉えるのではなく、相手の状態がよくないから悪い部分に焦点が当たっているのだと捉え、相手がよくなるように誘導的な質問をしてあげるのが効果的です。

たとえば、「なぜそう思うの？」「もしそこからポジティブな視点を見つけるとしたら、どんなことが言える？」など、いわゆるコーチング的質問を投げかけることによって、相手は自分の言ったことに初めて気づくかもしれません。

相手も自分では意外と、悪口やネガティブな発言をしていることに気づいていないことが多いからです。

また、**あなたが感じたことは、感じるまま素直に発言することも大切**です。相手の気づきになるかもしれません。たとえば、「私はそうは思わないけどな」「それって言い訳じゃない？」「こういう話を聞いてると私まで悲しくなっちゃう」など。

4つの必要な人や3つの必要でない人どちらにも当てはまらない人は、いても悪くはないけれど、特別必要ではない人なので、エネルギーをかけなくていい人。ただまわりにいるだけならOKな人です。

Ex）知人、遠い友人、仕事で関わる人、近所の人 etc.

Work 22　自分にとって必要な人を知る

1. あなたの絶対的な味方で、自分もそうありたいと思う人は誰ですか？　その人との関係について思うことも書き出してみましょう。

> Ex）【誰】両親、兄妹、パートナー、親友 etc.
> 【その関係について思うこと】私がどんな状況でも昔も今も変わらずに私を応援してくれる。何かあったら一番に相談したいと思う存在だし、私も彼女のそんな存在でありたいと改めて強く思った。etc.

誰

その関係について思うこと

2. あなたを引き上げてくれて、刺激やモチベーションをくれる人は誰ですか？　その人との関係について思うことも書き出してみましょう。

> Ex）【誰】メンター、尊敬する上司、尊敬する友人、たまに会うことのできる有名人 etc.
> 【その関係について思うこと】会うと無条件でワクワクし、視野が広がる感覚がある。でも、今は与えてもらうばかりで、まだ何も与えられていないような気がするので、与えられる自分になるために絶対に今の仕事を成功させて彼の役に立ちたいと思う。etc.

誰

その関係について思うこと

3. 価値観や楽しいこと（ときにはつらさも）共有でき、一緒にいて
共感し合える人は誰ですか？　その人との関係性について思うこ
とも書き出してみましょう。

> Ex）【誰】共通の趣味でつながっている友人や仲間、同じ学びを共有している仲間、ママ
> 友、価値観が似ている友人 etc.
> 【その関係について思うこと】仲間と一緒にいるといつも笑っている自分がいる、仲
> 間がいてくれるおかげで人生が倍楽しめているから感謝、自分も人に対してそう思っ
> てもらえる存在でいよう！etc.

誰

その関係について思うこと

4. あなたにとって反面教師で、一見ネガティブな関係性だけど学び
や気づきを与えてくれる人は誰ですか？　名前を書き出して、そ
の人との関係性について思うことも書き出してみましょう。

> Ex）【誰】ライバル、嫉妬の対象の人、あなたを叱る人、あなたを悪く言う人 etc.
> 【その関係について思うこと】イラっとすることが多いけど、よく考えたらいつも彼
> 女の言葉によって自分は成長できた気がするからある意味感謝だな、ネガティブな意
> 見と向き合う免疫もついた。etc.

誰

その関係について思うこと

Work 23 自分にとって必要でない人を知る

1. あなたに依存している人はいますか？　その人との関係であなた
が取るべき行動はなんですか？

> Ex)【誰】親、パートナー、友人のAさん、部下のBさん etc.
> 【アクションプラン】・その人からの電話には3回に1回出るくらいにする。
> ・なんでも指示を出しすぎないようにして、相手の力を信じる。
> ・週末に話し合う約束をする。自分に負担がかかっていることをきちんと伝える。
> ・解決力をつけてもらうため、セルフコーチングの本をプレゼントしてみる。etc.

誰

アクションプラン

2. あなたが依存している、または共依存の関係にある人はいますか？
その人との関係であなたが取るべき行動はなんですか？

> Ex)【誰】親、パートナー、友人のCさん、部下のDさん etc.
> 【アクションプラン】・その人に頼らずに何ができるか一人でゆっくり考えてみる。
> ・流れを変えるためにチームメンバーを組み直す。
> ・新たな趣味を見つけるために、興味がある習い事の体験レッスンに行ってみる。etc.

誰

アクションプラン

3.「一緒にいるとエネルギーが下がる」と思うのはどんな人ですか？
その関係であなたが取るべき行動はなんですか？

> Ex)【どんな人】悪口や人の噂話ばかりしている、ネガティブな発言ばかりする、詮索す
> る、言い訳ばかりする etc.
> 【アクションプラン】・悪口や噂話をしていると自分では気づいていないようなので伝える。
> ・もう"フリ"をするのをやめて素直に振る舞おう。それで嫌われても仕方ない。etc.

どんな人

アクションプラン

Column

ＳＮＳで自分と人を比べない方法

　ＳＮＳの普及に伴い、知らなくてもいい情報まで流れてくると、誰かの成功や幸せを羨ましく思ってしまうときもあるでしょう。

　自分が幸せなら、人の幸せも喜べますが、自分が落ち込んでいるときだと、余計に落ち込んだり、苛立ったりすることもありますよね。そんなとき、どうしたら自分と他人を比べずにすんで、疲れたり、落ち込んだりしなくなるでしょうか？

　情報は便利な反面、ときにあなたを不安にさせます。まずは自分自身を安定させましょう。落ち着いて、満たされた状態になってから、情報を取るようにすると流されません。

　何かに迷っているときや不安なときは、一度情報を遮断し、自分と対話してみましょう。自分の内にある価値観や情熱、信念を理解し、それを大事にする生き方を実践するのです。

　心から安心できる人間関係を持つことも、まわりに流されることを防ぎます。家族やパートナー、親友など、身近な人を大切にして、コミュニケーションしましょう。

　また、「価値観や個性は人によって違う」ということを理解するだけでも、いちいち悩まなくなります。

　あなたがいいと思っても、相手からしたらイヤな部分だったり、その反対もあります。欲張るからこそ不安になるのです。

　万人に好かれなくても、あなたを理解してくれる人は必ずいます。大切な人にだけ、あなたのよさをわかってもらえたら、それは幸せなことです。

#distance
人との距離の取り方

　手放したほうがいい人間関係だとわかっても、どう手放したらいいのかは難しいですよね。しかし、私の考える「手放す」というのは、なくすとか縁を切るということではなく、そっと離れたところに置くイメージです。

　私は「人間関係の断捨離®」という言葉があまり好きではなく、距離を置くというのがしっくりきます。

　誰かに対してネガティブな感情を抱くとき、それはその人が悪いとか、自分に合わないとかではなく、距離が近すぎるだけなのだと思います。

　そもそも人間関係にいい悪いはなく、悪いと思う場合は、たんにそのときの自分にとって都合が悪かっただけだったりします。本当の意味で悪い人はいないと思うのです。ある状態がその人をそうさせてしまっているだけで、環境が変わったり、時間が経てば、その人本来の姿に戻ることもあります。

　あなたが無理をして、その人をよくしようとしなくてもいいのです。それはお節介だと思います。相手を変えるのではなく、自分の捉え方を変えていくと、自然と相手のいいところが見つかったりすることもあります。

　私はこのことに気づいたときから、人間関係のストレスが激減しました。人との距離の取り方を覚えたら、嫌いな人が誰もいなくなりました。

　一時的にイラついたり、ムカついたりすることはありますが、すぐに冷静に考えることができるようになり、なんで今自分はイラっとしたのかと考え

ていくと、単純に自分に余裕がなかったり、キャパオーバーなときだったりします。

　また、単純に相手との距離が近いと余裕がなくなるケースも多いので、人との距離感について、つねに俯瞰して見るようにしています。

　女子にありがちなのが、仲がいいからといって、どこでもいつでも一緒、つねに電話やラインなどで逐一相談する、仲のよさをアピールするなど。もちろん仲がいいのはいいことなのですが、距離が近すぎると、どちらかが疲れてしまったり、共依存を生みやすくなったりします。

　これは、恋人やパートナーにも言えることなので、自分にそういったことがないか振り返ってみましょう。

　人との距離感においては、ベストな距離が人によって違います。

　距離が近いのが苦手な人もいれば、近くないと寂しくなる人もいます。あなたはどんなタイプでしょうか？

　相手のタイプによって、近くても大丈夫な人と、離れたところに置かないと自分が苦しくなってしまう人もいます。

　たとえば、メールの返信がいつもすぐに返ってくる人は、自分もすぐに返信しなければならないような気持ちになってしまいがちですが、その必要はありません。あなたはあなたのペースで返信すればいいわけで（急用をのぞいて）、相手に合わせすぎないようにしましょう。相手のペースに合わせすぎると、知らないうちに距離がどんどん縮まり、苦しくなることがあります。

　何かに誘われたとき、とくに他の予定もないから行くのではなく、本当にあなたが行きたいのか、行く必要があるのかをよく考えてみましょう。

　言われたからなんとなく行くということを手放すと、空いた時間やエネルギーでもっと自分がやりたいことができるようになります。

　また、誘ってくる相手がいつも同じで、その人と頻繁に会っている場合（本当に会いたい人ならいいのですが）、会いすぎると距離が近くなりすぎる

ので、たとえ予定が空いていても、予定があるからまた来月会おうなどと提案してみるといいと思います。

　実際、私は人からの誘いに対してノリはよくないほうです。人と楽しい時間を過ごすのはたまにでよくて、それよりも自分が打ち込みたいことや、自分が穏やかでリラックスした暮らしをするほうが、今の自分の価値観に合っていると思います。

　もちろん20代の頃はそうではなく、好奇心旺盛だったので、誘いがあって「ちょっとでも面白そう！」と思うことには全部参加していましたが、それはそのときの価値観と、今の価値観が違うからです。

　今あなたが、生活において、人間関係において、仕事において、どんな価値観を持っているでしょうか？

　人がいいというからいいのではなく、自分にとってフィットするものを見つけてそれを満たしてあげると、ものすごく満たされた人生になりますよ。

Work 24　人間関係の距離を考える

1. あなたが人間関係において大切にしたいことは何ですか？

> Ex)・心から信頼し合える人が数人いればいい、その数人を大切にしたい。
> ・大切な人でも距離感を大事にしたい、自分の時間は絶対に確保したい。
> ・趣味や価値観を共有できる友人に囲まれて毎日楽しく過ごしたい。
> ・パートナーでも友人でも家族を大切にする人がいい。etc.

2. あなたが距離を置いたほうがいいと思う人は誰ですか？　なぜそう思いますか？

> Ex)【誰】彼　【なぜ】会うとケンカばかりしてお互いのいいところが見えなくなっている。一度距離を置いて今の彼を客観的に観察したい。また自分の気持ちも確かめたい。
> 【誰】仕事のチームメンバーたち　【なぜ】最近自分ばかり動いているような気になり、フラストレーションが溜まるようになってきた。自分が抜けた状態でどんなふうになるのか、またチームメンバーがどう言うのか反応を見たい。ect.

誰

なぜ

3. アクションプラン あなたが **2** の人と距離を置くためにできるアクションプランを、考えつくだけ書き出してみましょう。

> Ex)・距離を置いてみたいと素直に自分の気持ちを伝える。
> ・1週間くらい一人旅に出てみる。そのときに自分もよく考えてみる。
> ・新たな人間関係を構築するために、これまで行ったことのなかった場（たとえば週末のイベントなど）に出向いてみる。
> ・職場を変えてみる。etc.

愛される女性に共通する
7つの特徴

　今好きな人がいる方、いないけれど素敵な出会いを求めている方、パートナーとずっといい関係を継続したい方……どんな女性にも当てはまる、恋愛がうまくいく秘訣ってなんだと思いますか？

　ここでは「愛される女性」になるために、私が必要だと思う7つのことをご紹介したいと思います。

1. 相手に依存しない

　「彼が言ったから」「彼のために」など、主語が"彼"になっていませんか？彼のために尽くすのは素晴らしいことですが、度が過ぎると依存になります。

　まずは、自分の意見や意思を持ち、それを大切にした上で彼のことを考えましょう。選択を彼に委ねすぎていると、自分では気づかないうちに「重たい女」になっている可能性も。

　恋愛初期の頃は、彼も喜ぶかもしれませんが、残念ながら"恋愛の期間"は長続きしません。愛情に変わっていく時期までに、そのことにきちんと気づいて「自分」というものを持たないと、いい関係は長く続けられないと思うのです。

2. 縛り合うのではなく、自由を認め合う

　好きな相手であればあるほど、相手が何をしているかなど、気になってしまうのは仕方ありませんよね。ですが、それを口に出すか出さないかが重要です。

　相手が何をしているか不安に思う気持ちの根底には、「自信のなさ」や

「依存」「執着」があります。もちろん私もまったくないわけではありませんが、不安に感じたときほど自分を高めるチャンスだと思うのです。

　不安なとき、感情に任せて相手に不満をぶつけないこと。日頃の信頼貯金があれば、縛り合うことはなくなり、自由を認め合うことができるでしょう。

3. いつでも素直でいる

　素直でいることは恋愛においても、仕事においても、人生においても、とても大切なこと。素直な気持ちで人や物事と向き合えると、そこから吸収できるものの量や質が変わってきます。

　嬉しいと感じたら、思いっきり「嬉しい！」と表現しましょう。感謝を感じたら、どんな小さなことでも素直に「ありがとう」と伝えましょう。素直でいることは、女性の内面をより美しく輝かせ、年を重ねても、若々しく見えると思います。

4. 相手が喜ぶこと・嫌なことをきちんと把握する

　世の中には多種多様な恋愛テクニックを説く本やセミナーがありますが、万人にとっての「正解」はないはず。あくまで自分の好きな人やパートナーが、何を求めているのか、何を求めていないのか、などを知るのが重要。

　これはマーケティングリサーチと同じで、市場（彼）の動向やニーズ、ターゲットなどをきちんと把握していると、それに合わせたアプローチができます。

　それをわからないまま、自分がいいと思ったことを相手にするのは、とんだ勘違いでしかないことも。要注意です。

5. 自分磨きを怠らない

　恋愛は自分を向上させてくれる一番の特効薬です。それは恋愛したての方

も、長年パートナーといる方も一緒。

　なあなあになってしまったら、2人の関係や自分の成長もそこでストップします。いつでも納得のいく自分であり、相手に必要とされる自分でいようとすること。それは日々のモチベーションにもつながりますし、自分の成長にも関係してきます。「彼のためにキレイでいたい」のではなく、「自分が納得のいく自分であるために彼が必要」というくらいが、うまくいく秘訣だと思います。

6. きちんと褒める

　褒められて嬉しくない男性はいないと思います。ちょっとでも「素敵！」と思ったことは、必ず素直に褒めましょう。

　褒めることによって男性はよりがんばれるでしょうし、褒めてくれる人に、少なくとも悪い印象は持たないでしょう。

　男性を上げるか、下げるかは一緒にいる女性次第。どうせなら、男性を「アゲる」女性になりましょう！　結果、それは自分に返ってきますよ。

7. スキンシップを大切にする

　日本人は後回しにしがちなスキンシップですが、肌と肌が触れ合うことはとても大切です。言葉は通じ合っていてもスキンシップがない関係と、言葉はあまりなくても、肌を合わせる関係では、後者のほうがより心が近いといえるのではないでしょうか。

　体に触れることで感じる、感覚的なものがあるはず。恋愛に限らず、子供や友人関係においても、こまめにスキンシップを取り、理屈ではない、心を通わせられる関係を目指しましょう。

5

#HOME

家を整理する3つのワーク

家はあなたの鏡です。
あなたの心と体の状態をよく表しています。
いらないものをつねに手放し、
あるものを大切にすると、
自分自身も磨かれていきます。

#cleanup

住まいの断捨離®

　家や部屋の状態は、自分の状態とリンクします。

　身なりがきちんとしている人は、家の中もきちんとしていることが多く、散らかっている部屋にいると、思考も散らかるのです。

　考えがまとまらないときは、気持ちを切り替えて部屋を掃除してみると、思考もスッキリして、シンプルになっていくのを感じると思います。

　このように家の掃除や整理は、自分自身の整理にもつながるのです。

　いつも整った清潔な住まいにいれば、気持ちも穏やかで洗練された気分になりませんか？

　インテリアをどうこうする前に、まずはいらないものを片付けましょう。

　何かを手に入れようとするとき、自分に受け取るスペースがなければ、そのもののよさは発揮されません。

　たとえば、いくら立派な花束をもらったところで、テーブルの上がモノだらけで散らかっていたら、そこに花束を飾っても余計にごちゃごちゃして見えるだけです。

　洗練されたものとは、何も豪華である必要はなく、そのもののよさが引き立つ見せ方をしている、ということです。

　一流ブランドのディスプレイを思い浮かべてみてください。

　エルメスの新作バックは、他のものと一緒にごちゃごちゃディスプレイされていませんよね？　きっとそのものが引き立つように、ショーウィンドウの中に一つだけポンっと置いてありませんか？

エルメスでたとえましたが、値段は関係ありません。たとえば、安いものでも、シンプルな空間にそれが引き立つようなディスプレイがされていたら、洗練されて見えますよね。お料理の並べ方も一緒で、大きなお皿に小さなポーションだと、洗練されて美味しそうに見えます。

家の中にいいものがあっても、他のものに埋もれてしまっていては台無し。モノ一つひとつが際立つくらいシンプルに配置すると気持ちいいものです。

収納やクローゼットに関しても、ぎゅうぎゅうにモノを詰めるのではなく、モノとモノの間に少しスペースができるくらいでちょうどいいかと思います。収納の鉄則は、どこに何があるか一目でわかり、すぐに取り出せること。

あなたの住まいはどうでしょうか？　ここでは、あなたが心地よく生活するために必要な、断捨離®のお手伝いをしたいと思います。

断捨離®すべき場所は家のどこでしょうか？「全部！」と言いたいところかもしれませんが、まずは優先順位の高い3カ所から取りかかりましょう。

一気に3カ所取りかかろうと思わないでください。一つ終わったら、また一つというように、日にちを改めて少しずつしていきましょう。もし丸1日や数日間休みが取れるなら、一カ所ずつ終わらせて1日に数カ所行っても結構です。

意外とほこりが溜まっていたりしますが、それを取り除くだけでも気持ちがスッキリして、お片付けのモチベーションがアップします。

ワクワクするものは残して、ワクワクしないものは横に除けてください。面倒なようですが、これを一つずつ行っていきます。

ポイントは、直感で決めて迷わないこと。

頭で考えてしまうと、「もったいない」「思い出の品だから、また使うかも……」などグルグルと思いが巡ってしまうので、決断は3秒以内に！

可能なら自分一人ではなく、誰かと一緒にすると、お尻を叩いてもらえるのでおすすめです。私は以前クローゼットの断捨離®を友人に手伝ってもらったのですが、私がグズグズしていると「はい、タイムアウト！」などと

言われて没収されていました。「迷う」ということは、いらないということなのです。

　もし仮に、後から「やっぱり必要だった……」と思うことがあっても、必要なら、また買ったりすればいいのです。「お金がかかってもったいない」と思うかもしれませんが、いるかいらないかわからないまま、なんとなく家のスペースを圧迫して、気持ちのいい暮らしができないほうがもったいないと思います。

　私は、人もモノも去る者追わず！

　今ないものにフォーカスするのではなく、今あるものを大切にして、スペースができたら新たなものを手に入れるチャンスと捉えます。

　ワクワクするものだけ残したら、今度はそれを元の位置に戻していきます。モノへの愛しさも増し、生活自体もワクワクしてきますよ。

　次に、ワクワクしなかったものをどうするか考えましょう。

　私はなんでも引き取ってくれるブックオフに持っていきます。ゴミにするよりは誰かが使ってくれたほうが嬉しいと思うので、寄付したり、高価なものはメルカリにも出したりします。

　ただし注意なのは、メルカリに出そうとか、次回のフリマに出そうなどと思って、取っておいてしまうこと。別のスペースに置いても、結局そのスペースを圧迫していますし、また引っ張り出して使ってしまうかもしれません。「断捨離®をする！」と決めたら、「不要」に振り分けたモノは、なるべくその日中になんらかの形で処分すること。

　ちなみに私は、断捨離®をしたらすぐブックオフに持ち込み、変えてもらったお金で手伝ってくれた友達とロブスターを食べて、余ったお金で後日一緒にエステに行きました。いらないモノがお金になって（ならなくてもいいのですが）、かつ部屋がキレイになると、心も体もスッキリして最高に気持ちよかったです！

Work 25　家の断捨離®をする

1. あなたの家を見渡して、断捨離®すべき場所ベスト3をあげてみましょう。どこが片付いたら気持ちいいですか？ あなたが普段よくいる場所や、こだわりの場所をまずはキレイにしていきましょう。

Ex）クローゼット。書類の引き出し。キッチン収納。靴箱。冷蔵庫の中。ドレッサーの中。etc.

①

②

③

2. ①にあるものをすべて一ヵ所にまとめて、いったん空にしてみましょう。

Ex）クローゼットなら、いったんクローゼットからすべてのものを出して、どこか広いスペースに山積みにしてみる。食器棚だったら、いったん食器棚からすべての食器を出して、どこか一ヵ所に置いてみる。etc.

3. 取り出して空になった場所を掃除しましょう。

Note　お片付けをするときは、必ずマスクをしましょう。塵やほこりで、喉が痛くなったり、くしゃみや鼻水が出たりします。

4. 2で山積みにしたものを一つずつ手にとり、ワクワクするかしないか、頭ではなく心で感じて仕分けをしていきます。

5. 4でワクワクしたものを元の位置に戻していきます。

6. 4でワクワクしなかったものは、誰か欲しい人にあげるか、近所のリサイクルショップなどに持っていきます。

#interior

なりたい自分の
コンセプトに合ったインテリア

　家が片付いたなら、やっとここからインテリアに取り掛かりましょう。

　環境が思考を作ります。あなたが「どんな自分になりたいのか？」「なりたい自分だったら、どんな家に住んでいるのか？　どんなインテリアか？　そこでどんなライフスタイルを送っているのか？」逆算して考えましょう。「今はまだその自分じゃないから。そうなってから考えよう……」と思っているうちは、なりたい自分になれません。「痩せたらドレスを買う」ではなく、ドレスを買ってから「そのために痩せる！」と考えるのと一緒！

　なりたい自分になるには、環境を変えるのが手っ取り早いです。あなたが一番長く時間を過ごす場所から変えましょう。多くの方は家でしょう。中には、会社や自分のオフィスという方もいるかもしれません。

　勤めている場合、会社のインテリアを変えることはできないかもしれませんが、整理整頓をして清潔にするだけでも気分やモチベーションはだいぶ変わります。変えられる範囲で、上司に提案してみてもいいでしょう。

　あなたがその役を買って出て、環境を整え、みんなのモチベーションをアップし成果が上がったなら、上司に喜ばれるかもしれません。もしくは、あまりにも耐え難いインテリアだったら、いっそのこと、自分がワクワクするような会社に転職するのもいいかもしれません。

「インテリアごときで？」と思うかもしれませんが、そのくらいマインドや仕事の効率に関わってくるのが環境です。人間関係の環境も大きな要素なのをお忘れなく。

　そもそもあなたは、自分がどんなテイストの家が好きか、心地いいか、ワクワクするかなど細かく知っているでしょうか？

　ここでもやはり、自分の価値観をどれだけ知っているか？　がポイントとなります。改めてここで掘り下げてみましょう。

Work 26　自分が好きな家のテイストを知る

1. あなたが好き、心地いい、ワクワクするインテリアのキーワード
を思いつくだけ書き出してみましょう。

Ex）リゾート。エレガント。ハワイ。ホテルライク。ブルー。ウッド。海。etc.

2. なりたいあなたをイメージして、**1** からそのテイストに合いそう
なインテリアのキーワードを 5 つ選んで書き出してみましょう。

① ④

② ⑤

③

3. アクションプラン **2** をあなたの家に反映させるとしたら、何をしま
すか？　思いつくだけ書き出してみましょう。

Ex）アートを飾る。アロマを焚く。間接照明に変える。壁紙をブルーに変える。アンティ
ークの椅子を買う。カーテンからブラインドに変える。etc.

4. 今あげたものを、いつどのようにするか計画を立てて、手帳に予
定を書き込みましょう！

#comfortable
パワーチャージできる家作り

　私は、家は最大のパワーチャージをする場所だと考えています。

　家に帰ったらケータイの充電をチャージするように、あなた自身も家に帰ることによって、その日の疲れを癒し、ワクワクした感覚を取り戻して、また次の日をエネルギッシュなあなたで、最高のパフォーマンスで、最高に楽しんで過ごす。

　このくり返しができたら最高だと思いませんか？

　そのためには、空間を整理して、いらないものが家の中にない状態にし、心地よくてワクワクするものに囲まれる空間を作るといいでしょう。

　いらないものがない状態とは、裏を返せばすべてのものにこだわりや意味があり、きちんとそのモノ一つひとつに意識を向けられている状態のこと。

　たとえば家の片付けをしているとき、「こんなもの買ったっけ？」とか、「そういえば、ここにあることを忘れて、何度もダンボールに入れたまま引越してたな……」というものを見つけた経験はありませんか？

　これではモノが可哀想です。また、あったことすら忘れているものに、スペースを無駄に取られていますよね。

　モノにもエネルギーがあります。自分が心地よくてワクワクするものだけに囲まれていると、そのモノ一つひとつに愛情や感謝が湧くので、よいエネルギーの循環が起こります。モノを見るたびにそんな感覚が湧くと、家にいるだけでウキウキしてパワーチャージできそうですよね。

　逆に、モノを見るたびに、「あぁ、これ変えたいな」「これ捨てなきゃ」「本当は気に入ってないけどもらったからね」などと考えていたら、そのモノにも失礼ですし、自分のエネルギーはいつまでたっても上がりません。

Work 27 自分にとって心地よい空間を作る

1. あなたの部屋や家を見渡してみて、心地よさやワクワクを感じるモノや空間は何ですか？　理由も書き出してみましょう。

> Ex）・【モノや空間】ベッドのリネン
> 　　【理由】オーガニックコットンで肌触りがよく、すべてを同じブランドにしているので統一感があってホテルのよう。
> ・【モノや空間】リビングのお花
> 　　【理由】パリで買ってきたお気に入りのアンティークの花瓶を見ると、パリでの思い出がよみがえってくる。そこに真っ赤なローズをいけることを欠かさないようにするのが自分のこだわりで好き。赤は自分を元気にしてくれる色で、ラグジュアリーな気分になるから。
> ・【モノや空間】バルコニーのカフェスペース
> 　　【理由】公園の緑が一望でき、朝は鳥がやってくるので、自然の中にいるようでとても癒される。ここで飲むコーヒーもまた最高！ etc.

モノや空間

理由

モノや空間

理由

モノや空間

理由

2. 反対に心地よくない、納得がいっていないモノや空間は何ですか？
理由も書き出してみましょう。

> Ex) ・【モノや空間】タオル類
> 　【理由】どのタオルも1年以上前に買ったもので、手触りも見た目もだいぶくたびれ
> 　た印象。
> ・【モノや空間】お茶碗
> 　【理由】少し欠けてしまったのをそのまま使っているので感じ悪い。いつも使う度
> 　に買いに行こうと思うのに、結局行けてない。
> ・【モノや空間】玄関
> 　【理由】靴が出しっぱなしで散らかっていて、下駄箱も湿気がこもってる感じ。etc.

モノや空間

理由

モノや空間

理由

モノや空間

理由

3. アクションプラン **1** と **2** の答えを見て、あなたが決断することは何ですか？ 思いつくだけ書き出してみましょう。

> Ex） ・バルコニーで毎朝コーヒーを飲みながら自分ミーティングをしよう。
> ・タオル類は一度今あるものはすべて処分して新しいものを買いそろえよう。
> ・インテリアのインスピレーションを高めるため、今年はパリに行こう。 etc.

4. **3** で書いたことをいつするのか、一つずつ手帳に書き出して実践していきましょう！

5. **4** で行動に移したあと、あなたはどう感じましたか？ 心の状態にフォーカスしてみましょう。

> Ex） ・毎朝心が清々しくワクワクした1日を過ごせるようになった。
> ・モヤモヤしていたものを手放したら気分がスッキリして新しいことに目を向けられるようになった。
> ・パリに行く予約を取っただけで毎日ワクワクして楽しくなった。etc.

Column

心と体が求める暮らしを選べば、真の自由が手に入る

　私は2年前、18年暮らしていた東京から、拠点を葉山に移しました。
　交友関係も仕事関係も、すべて東京を中心にしていたので、かなり思い切った決断ではありました。でも、結果的に本当によい決断だったと思っています。
　ここでは、そんな私の葉山での暮らしや、心境や環境の変化を綴ってみます。

毎日楽しいけど、体はストレスフルだった

　22歳で起業してから30歳までの間、都内と福岡でビューティーサロンをのべ6店舗経営していました。
　30歳のとき、10年一緒にいた夫の突然の死をきっかけに、自分の人生を見つめ直しました。「明日死んでも後悔のない生き方をする！」と心に誓い、自分の心からやりたいこと、そして使命を改めて考えて、サロンをすべて手放すことに。
　それからは東京・青山を中心に、従業員も最低限の人数だけ抱え、全国でのセミナー開催や商品とイベントのプロデュース、企業アドバイザーやPR、のちに出版する機会もいただき、本を書くことが仕事の一部になっていきました。
　18歳から35歳までの間、自分のやりたいことに貪欲に、望むライフスタイルやビジネススタイル、パートナーシップを手に入れ、次々と夢を叶え、人脈や仕事の幅を広げてきました。

ただ、あるとき、自分はずっと何かに追われているような気持ちになっていることに気づいたのです。

頑張っていろいろなものを手にしてきた結果といえば、そうなのですが、知らないうちに、自分で築いてきたものに縛られている自分がいたのです。

「○○でなければいけない」「○○するべき」

他にも、つねにやらなくてはいけないことに追われ、楽しくてエキサイティングな反面、体はだいぶ疲れていたように感じます。

自然のパワーで心身ともに癒される暮らし

そんななか、20代から勉強して実践していた、健康・予防医学に関する知識や、アーユルヴェーダなどのホリスティックな分野の知識を、もっと自分の人生に活かし、人に伝えたいと思うようになりました。

そして何より、自分の心がもっと自由になりたい、本当の意味で健康になって豊かな暮らしがしたい……と強く願うようになり、15年以上住んでいた東京を思い切って離れ、葉山の海辺に引っ越したのです。

都内に住んでいるときから自然や海が大好きで（千葉の海辺の田舎育ちです）、毎週犬たちを連れて、海や自然を感じる場所に出かけていました。

今都会に住んでいる方でも、癒しを求めて週末は自然がある場所に出向く方は多いと思います。そうやって、心と体のバランスを取ろうとするのでしょうね。

健康や自然への意識が高い方の間で、裸足で土の上を歩く「アーシング」などがブームになっているのも、現代社会に疲弊しているからこそなのでしょう。

葉山を選んだ理由

　さて、なぜ私がたくさんの海辺の中から「葉山」という地を選んだのかというと、よく訪れていて馴染みがあったのもありますが、一番は土地が持っているエネルギーや空気感が自分にぴったり！　という直感でした。

　朝日とともに目覚め、朝たっぷり時間をかけて家のことをしたり、仕事をしたりした後、犬たちを連れてビーチに散歩に出る。葉山ではそんな日常を過ごしています。

　私が住んでいる家からほど近い森戸海岸では、対岸に江ノ島、その先に富士山を見ることができます。時間帯や季節によって見え方が異なる美しい富士山の景色を眺めていると、日本の素晴らしさや日々の幸せを心から感じます。

　なかでも、私はサンセットのビーチが大好きです。

　そして毎日ビーチを嬉しそうに走り回る犬たちを眺めていると、なんとも幸せな気持ちになります。こんな感覚を毎日味わえるなんて、都内に住んでいたときは考えもつかない最高の贅沢です。

　以前の自分と、豊かさや幸せの基準が、ガラッと変わりました。

　葉山に来る前に願っていた、心の開放感を毎日120％感じる生活です。

心身ともに健康で、自由になった私

　葉山に来てからも、週に2回くらいは都内で仕事をしていたり、友人と会ったり、また月に2回程度は出張したり、旅行もしたり（多いときは毎週）と、ずっと葉山にいるわけではないのですが、心と体が安らげる場所を持つことによって、日々のパフォーマンスが上がりました。

　どんなに仕事が忙しくても、やることがたくさんあっても、葉山の自然を歩く時間や家のことをしている時間には、いい意味で、一切仕事を

忘れています。

　このオンとオフの切り替えができるようになったからこそ、集中したいときにこれまで以上の集中ができるようになり、仕事にかける時間は激減したのに、得られる結果は倍以上になったと思います。

　自由を求める人は多いと思いますが、私の中で自由の定義が昔と今とでは変わっています。以前は、人生において好きな選択ができる（時間・お金・場所などに捉われない）ことが自由だと思い、それを実現させてきましたが、それらが満たされても、本当の自由と言えるかどうかは疑問でした。

自分が望む自由はどんな自由？

　今の私が思う自由とは、心と体が解放されていること。まさに今、それを体感しています。

　これからずっと、葉山に住み続けるかどうかはわかりませんが、そのときどきの自分の心や感覚に正直に、自分が心地いいと感じられる場所を求めて、私は生きていくのだと思います。

　環境は自分で設定できるもの。もし選べないと感じていたら、それは単なる言い訳です。

　どんな状況であろうと、何かしら状況を変える手立てはあります。

　本当の意味で自分の人生に責任をとれるのは、自分しかいないのです。

　他人や世間のせいにして、自分が選ばなかったほうの選択を嘆いて、人生を終えるなんて悲しくないですか？

　あなたの心は、本当はどんな暮らしや生き方を、望んでいるのでしょう？　ゆっくり考えてみてください。

#SPIRIT

スピリットを整える４つのワーク

感謝と愛こそ、あなたを成長させ、豊かにしてくれます。
身の回りのもの、人、環境に心から感謝して、
愛をもって接しましょう。
その連鎖によって世の中も豊かになります。

#selfhealing

セルフヒーリング

　セルフヒーリングとは、その名の通り、自分で自分を癒すこと。

　では「自分を癒す」とはどういうことか、考えたことはありますか？

「癒し」を辞書で調べると、「心理的な安定感を与えること」「肉体の疲れ・精神の悩み・苦しみを何かに頼って解消したりやわらげたりすること」などと出てきますが、こうしたことを普段から自分で行っていますか？

　もちろん、癒してくれるパートナーや子供、ペットなどがいる方はそれでもいいのですが、そういった存在はいつどんなときでもあなたを癒してくれるとは限りませんよね。

　もし、あなたが自分自身を癒すことができたら、毎日の疲れや不安、焦りなどをすべてリセットできます。

　癒しとは、心と体どちらにも気持ちいいこと。

　1日や1週間の中、ひいては人生の中にたくさんの癒しの瞬間を持てる人は、人生が豊かになり、そしてパワフルになれます。つねに心に余裕があり、穏やかで冷静な状態を保てるので、自分に対しても人に対しても温和でいられます。

　もし、あなたがイライラしやすかったり、つねに焦りや不安を感じたりしているのなら、きっと癒しが必要です。

　一般的に癒しとは、美味しいものを食べたり、お風呂に浸かったり、マッサージをしたり、好きな映画を観たりなどですが、その定義は人によってさまざまです。

　ここでは、あなたの癒しのポイントを知り、自分で自分にしてあげられるようになりましょう。

Work 28 ｜ 自分を癒す方法を見つける

1. あなたが癒されることを思いつくだけ書き出してみましょう。

> Ex) ヨガをする。ピアノを弾く。料理をする。アロマを焚く。テレビを観ながらゴロゴロ
> する。友人と話す。温泉にいく。etc.

2. **1**の中で毎日できそうなことは何ですか？　欲張らずにできると
思うことを丸で囲みましょう。

3. アクションプラン **2**で選んだものを、できるだけ毎日ワクワクしな
がらするために、あなたが工夫できることは何ですか？

> Ex) ・毎日ゆっくりバスタイムをとるためにいつもより30分早く帰宅する。
> ・週末好きなアロマを買いに行き、部屋に素敵なディスプレイの場所を作る。
> ・オーガニック野菜の宅配を始める。etc.

クリスタルボウルで
心と体が癒されるワケ

　私は数年前、友人の紹介で、クリスタルボウル演奏家として世界で活躍するRAURAと出会い、クリスタルボウルを深く知るようになりました。

　それからはクリスタルボウルを好きになり、彼女からクリスタルボウルを習い、現在では私もクリスタルボウル演奏家として数々のイベントで演奏をさせていただいています。

　これまで、美容や健康、潜在意識、ヒーリングについて15年以上ホリスティックな観点から学んできた私が、今なぜここでクリスタルボウルに行き着いたのか？　そこには量子力学的な根拠があったのです。

クリスタルボウルの 3 つのヒーリング効果

1. 超高周波（20,000Hz以上）

　「超高周波」という言葉を聞いたことはありますか？　超高周波とは実際に耳では聞くことのできない音のこと。しかし、脳には多大な影響を与えていて、超高周波を含んでいるほうが人は快適に感じるのです。

　超高周波は自然界に豊富にあり、都市部には少ない音です。クリスタルボウルの音は、この超高周波を含みます。

2. 1/fゆらぎ

　クリスタルボウルの楽曲には、副交感神経（リラックスの神経）を優位にする1/fゆらぎがあります。1/fゆらぎとは、"規則性と意外性が拮抗した状態"と表されます。キャンドルの炎やそよ風、小川のせせらぎ、蛍の光り方など、さまざまな自然現象の中に見出されます。脈拍や呼吸、細胞の周期など、生

体のリズムも1/fゆらぎがあると言われています。クラシック音楽では、この1/fゆらぎの曲が多いのです。

＊クリスタルボウルの楽曲すべてに、1/fゆらぎがあるわけではありません。規則性がなく、突如として現れるものが1/fゆらぎです。

　調律されていない、ナチュラルな音に魅力を感じる。これも、クリスタルボウルの人気の1つの要素です。自然界のように、いろいろな音が混じり合うクリスタルボウル、そこに何かを感じる人も多いのではないでしょうか。

3. ソルフェジオ周波数

　この世界にあるものすべては、固有の周波数を持っています。その周波数をHzと表しますが、その中でも528Hzの周波数の音を聞くことは、人間にさまざまなよい効果をもたらすと言われています。

　この528Hzの周波数は、「ソルフェジオ周波数」と言って、「DNAを修復する音」なのです。YouTubeなどで検索するとたくさん出てきますが、とても神秘的な音です。安眠効果やストレス解消、疲労回復に効果的なので、不眠症の方にもおすすめ。

　このソルフェジオ周波数は、一部のクリスタルボウルの音なのです。

＊クリスタルボウルは焼き上がるまで音色がわかりません。同じ条件で焼き上げても微妙に音が違うので、周波数も異なります。ただし、528HzのクリスタルボウルやCDは、一般的に販売されています。

　このように、医学的にも心と体に効くということが証明されているクリスタルボウルは、まさにホリスティックな楽器であり、これからの時代やライフスタイルに欠かせない音となると思います。

＊アンチエイジングクリニック「ブレインケアクリニック」で行われた、「自律神経とクリスタルボウル」という少人数制のセミナーに参加して、院長から伺ったことを元に執筆しています（ブレインケアクリニック：http://brain-care.jp/）

#meditation

瞑想

　瞑想と聞くと、好きな人もいれば、苦手という人もいるでしょう。

　瞑想にはさまざまなやり方と考え方がありますが、あなたにとって瞑想の効果が得られていると感じるものを持てればいいと思います。

　瞑想とは、いったん目の前の現実世界から離れ、頭を空っぽにして、自分の心や体、魂とつながる時間です。それらすべてを統合させるようなイメージです。こう言うと、とても難しそうに感じるかもしれませんが、無になるということです。

　目を閉じてじっと座ることで無になれる人もいれば、ダンスをしたり、楽器を弾いたり、掃除をしている時間で無になれる人もいるかもしれません。

　できたら目を閉じて、体を休めて行うことがおすすめです。ただし寝てしまうといけないのでそうならない体勢で。1日5分でもいいので、自分のためにそんな時間をとってみましょう。

　私は「TM瞑想」という世界的に有名な瞑想を、朝晩20分ずつ行っています。それを始めるようになってから以下のようなことを実感しています。

　深いリラクゼーションで疲れが癒され、心が満たされ、クリアになる感覚を手に入れ、物事がサクサク進むようになる、集中力が上がりパフォーマンスも上がるなど、嬉しい効果がさまざま実感できます。また、5分以上の長めの瞑想をすると、愛や感謝、幸せを感じやすくなります。それだけ感覚が研ぎ澄まされ、ノイズがなくなるのだと思います。

　「瞑想は時間がないとできない、忙しいからできない」というマインドの方ほど行うといいでしょう。瞑想をすることによって思考がクリアになり、さまざまな効率が上がり、目の前のことがシンプルになっていきます。

　セルフリトリート中は、ぜひ毎日行ってみてください。そして、少しずつ習慣にしてみてくださいね。

Work 29 自分に合った瞑想的時間を取り入れる

1. あなたにとって瞑想的時間は何ですか？　すでに普段から瞑想をされている方は、どんな効果を感じているでしょうか？

> Ex)　・【瞑想的時間】車を運転する時間
> 　　　【感じる効果】心が無になりアイデアがひらめいたりする。
> 　　　・【瞑想的時間】ランニングしているとき
> 　　　【感じる効果】イヤなことを忘れ、目の前の事に集中でき、やる気が増す。etc.

瞑想的時間

感じる効果

瞑想的時間

感じる効果

2. アクションプラン **1** を日常的に心地よく行うために、あなたが工夫できることは何ですか？　思いつくだけすべて書き出してみましょう。

> Ex)　毎朝30分早く起きる。呼吸を意識する。部屋を片付ける。リラックスできるルームウェアを買う。部屋を暖かくする。etc.

Work 30 　簡単な瞑想をしてみましょう！

1. 首を回したり背伸びをしたりして、体を軽くほぐします。

2. イスに座るか、座禅を組んで、背骨を立てた状態でリラックスできる体勢になりましょう。

3. ゆっくりと目を閉じて呼吸に集中します。

4. 自分のペースで深呼吸を 3 回ほどします。

5. 鼻で 5 秒吸って 8 秒吐くのを 5 回くり返します。

Point!　やりながら、自分の体の状態がどんな状態か、心の目で観察しましょう。お腹が膨らんだり、へこんだりするのを感じます。そして、体の中に新鮮な空気が入り、いらないものが出ていくイメージをしましょう。

＊これを毎日朝晩や、1 日の中でちょっとリセットしたいとき、疲れを感じたときなどに行ってみるといいでしょう。習慣にしていくことで、心と体のつながりをより深く感じることができます。

体と人生のパフォーマンスを上げる
「TM瞑想」を実践して感じた7つのこと

「瞑想」と聞いて、みなさんはどんなイメージをお持ちでしょうか？

リラクゼーションやヨガを連想する方、修行僧や悟りを連想する方もいるかもしれません。最近は日本でも瞑想が一般的になってきたように思います。

私は以前より、ヨガやアーユルヴェーダを勉強し実践してきたので、瞑想の効果はよく理解していました。ですが、いざしようとすると、なかなかじっと目を閉じて座っていることができずに、ソワソワしていました。

目を閉じると心の声が次々と聞こえてきて、リラックスどころか逆に頭が冴えてしまい、いろいろなアイデアが湧いてきて、メモをとりたくなってしまっていたのです……。

そんな私でしたが、「TM瞑想*」と出会い、びっくりするくらいハマって、その効果をすぐに体感。ここではTM瞑想についてお伝えします。

*Transcendental Meditationの略。日本語では「超越瞑想」。

TM瞑想とは、医学的根拠に基づいた瞑想法であり、アメリカでは保険適用され、病気の治療にも使われているほど。キャメロン・ディアスなど、ハリウッド女優も多く実践していて、その効果を語っています。

TM瞑想を始めるためには、まず世界中で開催されているTM瞑想のセミナーを受講します。その際、トレーナーから自分だけの"マントラ（真言）"を授かることができ、それを使って瞑想を行います。

個人的にTM瞑想のいいなと思う点は、瞑想中に雑念が湧いてしまってもOKということ。

TM瞑想の効果は計り知れませんが、今回は7つの効果に絞ってまとめてみました。研究を経てわかっていること、また私個人が感じたことを交えて執筆しています。

1. 若返り

　高血圧の正常化、心臓発作の減少、高コレステロールの減少、アテローム性動脈硬化症の減少などの研究報告がされています。これらは病気の予防ですが、いつまでも健康で若々しくいるために必要なことです。

2. ストレス解消

　コルチゾール（ストレスホルモン）の減少が研究結果で証明されています。
　体感としては、毎日のTM瞑想のときに、そこでいったん心と体をリセットできます。呼吸がゆっくりと深くなり、焦りや不安感が静まります。
　このことからも、さまざまな病気の予防や若返りが期待できます。

3. 睡眠改善

　続けることによって、副交感神経のスイッチが毎日オンされるので、自然と自律神経が整ってきます。すると、集中したり活発に動いたりしたいときにパフォーマンスが高くなり、逆に休みたいときや睡眠中に、深い休息が取れるようになります。

4. 自分らしさを取り戻す

　起きた状態で目を閉じる時間を習慣的に持つと、より自分の内側を知ることができます。落ち着いて物事を考えたり、判断できたりするようになり、より穏やかな自分らしさを発揮することができます。

5. 直感力、引き寄せ力の向上

　自分の内側とつながる時間をとっていくと、自然と自分の心の声が日常のふとしたときに湧き上がってくるようになります。それは、忙しくてストレスフルな生活では、決して聞こえてこない直感的な声。その声に従うことにより、欲しい情報やチャンス・人が自然と自分のまわりに集まってくるようになり、シンクロニシティを感じやすくなります。

6. 人間関係の改善

　本来の自分自身で生きることができるようになると、今度は人間関係など、あらゆる環境の変化が訪れます。自分にとって必要なものがやってきて、必要でないものは自然と離れていくのです。

　また、リラックスした余裕ある状態で日々を過ごせると、人とのコミュニケーションがとてもスムーズになり、人間関係のトラブルがなくなっていきます。

7. 自分らしさを取り戻す

　体験談の集計データを見ると、何百万人もの実践者が「人生に改革をもたらす」と言っています。ストレスや不安感の大幅な減少、クリアな思考、深い睡眠、クリアでポジティブな心の状態を手に入れることができると話しています。

　私自身、TM瞑想を実践するようになってから、心がつねに穏やかで、体も人生もパフォーマンスが過去最高になっていることを感じます。

　このようにさまざまな効果が期待できるTM瞑想。世界各国、日本でも多くの方が実践していて、学ぶことができます。

（参考／TM Japan http://tmjapan.org/）

#thankyou

感 謝

　慌ただしい日常の中で、一度ゆっくり立ち止まって感謝について考えてみましょう。感謝について考えると、愛やエネルギーが増して、幸せの感度が上がります。

　さまざまな人の顔が浮かび、過去の出来事が回想されるかと思います。その人・モノ一つずつを思い出し、心の中で感謝を伝えます。すると、頭で考えていたことが心（腑）に落ち、よりその感情を味わえるようになります。

　ふとしたときに、「あのとき、あの人がこんな言葉を掛けてくれたな」「自分がピンチのときに、あの人がいてくれたから道が開けたな」などといった感覚が蘇り、心が折れそうなとき支えになってくれる記憶になります。

　その度に、あなたは温かい愛情や感謝を再び感じ、幸せな気持ちになることができます。

　感謝とは、一度自分をリセットし、初心に戻ることでもあります。

　物事がうまくいかないとき、焦ったりイライラしてしまうとき、不安になっているときというのは、すべて感謝を忘れている状況です。

　起こってしまったことや、起こるであろう未来にネガティブな感情を抱くよりも、今あること、今感謝できることを見つけて、そこに意識をフォーカスしましょう。

　すると、目の前の状況が一気に変わるでしょう。正確には、状況の捉え方が変わります。捉え方が変わると、現実に起こってくることも変わります。あなたは落ち着きを取り戻し、また穏やかで冷静な、愛で満たされた状態になることができます。

　できれば、毎日少しでも感謝について考える時間をとってみるといいでしょう。毎日行うことで、毎日リセットされます。

　とくにセルフリトリート中は必ず毎日行ってみてください。行った後の、自分の心と体、意識の変化に注意深くなりましょう。

Work 31 ： 感謝を伝えよう

1. あなたが今、感謝することは何ですか？　思いつくだけすべて書き出してみましょう。

> Ex）・今の仕事と出会えてよかった！　あのとき紹介してくれた〇〇さん、ありがとう！
> ・いつも美味しいご飯を作ってくれる母に感謝。
> ・今日も1日元気に動いてくれた私の体にありがとう。etc.

2. 1の中で、人への感謝は、すぐに電話やメールなどで改めて伝えてみましょう。自分自身や神様への感謝など、具体的な対象がないものは、口に出して丁寧に感謝を伝えてみましょう。

3. その後、あなたはどんなことを感じましたか？　心と体、意識の変化について、感じたことをすべて書き出してみましょう。

> Ex）・感謝を伝えることによってスッキリ感が湧いたとともに、よりやる気が出てきた！
> ・自分は人に支えられて今があると感じた。よりまわりの人を大切にしようと思った。
> ・感謝を伝えたら、相手も思わぬ嬉しい返事をくれた。それを聞いて嬉しかったので、もっと日頃から感謝を素直に伝えようと思った。etc.

おわりに
人生を豊かにするもの

セルフリトリートを行ってみていかがでしたか？

本書でお伝えしていることは、読んだだけでは理解しにくいかもしれません。しかし、実践してみるといろいろと気づくことがあり、体験を通して深く理解できると思います。体験を通して、初めて人は成長するものです。

今回あえて「リトリート」という言葉を使いました。それは、いったん日常から離れて、今いた世界を客観的に捉えることに挑戦してもらいたかったからです。

実際、この本の原稿の大半は、私が2泊3日、都内のベイエリアにあるホテルで行ったセルフリトリート中に執筆しました。

日常生活を送りながら書くこともできたのですが、環境やマインドを切り替えて、欲しい結果やゴールにフォーカスしたいと思ったからです。たくさんの方の役に立つ本にしたいと思い、魂を込めて書いたつもりです。

このセルフリトリートで私が得たものは、集中力、満足のいく結果、やる気、自信、クリエイティブな未来のイメージです。

この期間で1カ月分くらいの集中ができたので、とても気分がよくなり、それからはこのセルフリトリート合宿を毎月恒例にしています。

セルフリトリートを行うたびに自分がブラッシュアップされて、見える世界や描くイメージが格段に変わってきているのを感じます。

状況や環境がめまぐるしく変わっていく現代社会で、これから大切なのは、「より自分を知る」ということだと思います。

まわりの人や環境がどうであれ、自分の心と体の状態を理解することで、たとえ荒れた海原にいても表面の波にのまれることなく、海の底に潜ることができ、静かで穏やかな心をもって、海面を見上げることができるでしょう。

状況や感情に左右されず、どんな状況からも再び軸に戻ってこられる人は、必ず成功します。人生を豊かにするために必要な強さとは、しなやかさでもあります。

つねに自分の価値観やあり方を大切にして、自分が納得のいく生き方を貫いたとき、振り返ると自分の成長を見ることができます。

その成長を見ることは、自分の自信となり、とてつもない人生の充実感を手に入れることができるでしょう。

この本は、大和書房の草柳さんはじめ、私のマネージャー、デザイナー、イラストレーター、カメラマン、ヘアメイクのみなさんなど、本当にたくさんの方のお力とご協力があってこそ作れました。私が世に届けたいメッセージを、こうして一緒に形にしてくださり心から感謝しています。

本書のTipsとColumnの一部は、私が約2年半にわたってDRESSで執筆していた記事にアレンジを加えています。DRESSのその他の記事もぜひご一読くださいませ。

この本を手に取ってくださったあなたの心と体がリセットされて、より豊かな人生を味わっていただけることを願っています。

長谷川エレナ朋美

[初出]
DRESS　長谷川朋美連載（2016年4月〜2018年10月）
・LAの女性が健康で美しい6つの理由
・クリスタルボウルで心と体が癒されるワケ
・「太らない7つの習慣」で、ダイエット・ストレスと無縁に
・直感力を磨くのに大切な5つのこと
・ヨガ八支則を応用して、幸せな人生を手に入れる
・健康と美が手に入る「ローフード」とは
・体と人生のパフォーマンスを上げる「TM瞑想」を実践して感じた7つのこと
・心と体が求める暮らしを選べば、真の自由が手に入る
・世間や他人に流されない自分になるための5つのワーク
・自分軸を見つけ、充実した人生を手に入れるための手帳術
・愛される女性に共通する7つの特徴
・感情をコントロールして楽になる9つの方法

DRESS　https://p-dress.jp/
長谷川エレナ朋美 連載記事一覧　https://p-dress.jp/users/1198

長谷川エレナ朋美（はせがわ・えれな・ともみ）

美LIFEクリエイター、株式会社LUMIERE（ルミエール）代表。「自分と向き合う学校」ビューティーライフアカデミー主宰。NPO法人日本ホリスティックビューティー協会広報部長。
1981年生まれ。高校中退後、一人で上京、SHIBUYA109のカリスマ店員に。22歳で起業し、8年間でのべ6店舗のトータルビューティーサロンを経営していたが、30歳のときに10年をともにした最愛のパートナーを亡くす。これをきっかけに「今日死んでも後悔ない生き方をする！」と誓い、それまでのビジネスをすべて手放してゼロから再スタート。自分に妥協のない生き方を貫いている。
現在は、17年間の東京生活から2年前に葉山の海辺へ移住し、全国で講演、商品やイベントのプロデュース、執筆活動を行う。また、世界を旅しながら、自由でクリエイティブな生き方を体現し、発信している。
2014年「人生が変わる1分間の深イイ話」（日本テレビ）に出演し一躍話題の人になる。
著書に『自分の人生が愛おしくてたまらなくなる100の質問ノート』『やりたいことを全部やる人生』『好きなことでお金を稼ぐ方法』『愛されながら仕事も恋も成功する方法』『自分に嘘のない生き方』（大和書房）、『私らしく夢を実現するライフスタイル』（KADOKAWA）、『自分と毎日が輝き出す50の習慣』（ベストセラーズ）がある。

写真　BLOOM（sakiko.akebo）
ヘアメイク　REGALO.YUKA
スタジオ　THE HOUSE on the beach

自分と丁寧に向き合う週末セルフリトリート
日常から離れて心と体をリセットする31のワーク

2019年3月5日　第1刷発行
2019年4月1日　第3刷発行

著者　長谷川エレナ朋美
発行者　佐藤靖
発行所　大和書房
　　　　東京都文京区関口1-33-4
　　　　電話　03-3203-4511
ブックデザイン　吉村亮、眞柄花穂（Yoshi-des.）
イラスト　naohiga
カバー印刷　歩プロセス
本文印刷　光邦
製本所　ナショナル製本